CÔTE D'AZUR INSOLITE ET SECRÈTE

Jean-Pierre Cassely

Éditions Jonglez

offert par les parents Noël 2010

CÔTE D'AZUR INSOLITE ET SECRÈTE

Jean-Pierre Cassely

Côte d'Azur insolite et secrète est le fruit d'un constat : les habitants ou visiteurs fréquents de la Côte d'Azur n'ont à leur disposition qu'une panoplie de guides décrivant globalement tous les mêmes lieux.
Rien ou presque qui puisse surprendre ou apprendre quelque chose à ceux qui connaissent déjà bien leur région.
Ce guide leur est destiné, tout en espérant qu'il saura plaire également aux visiteurs occasionnels qui voudront sortir des sentiers battus.

Les commentaires sur ce guide et son contenu ainsi que les informations sur des lieux que nous n'évoquons pas ici sont les bienvenus. Ils nous permettront d'enrichir les futures éditions de ce guide.

N'hésitez pas à nous écrire:
- Éditions Jonglez, 17, boulevard du Roi,
  78000 Versailles, France
- par mail : infos@editionsjonglez.com

04
83
Laragne-Montéglin
Sisteron
Digne-les-Bains
Château-Arnoux-St-Auban
Les Mées
Forcalquier
Manosque
Gréoux-les-Bains
Valensole
Riez
Moustiers-Ste-Marie
Castellane
Parc Naturel Régional du Verdon
Lac de Ste-Croix
Corniche Sublime
Camp militaire de Canjuers
Draguignan
Barjols
Cotignac
Salernes
St-Maximin-la-Ste-Baume
Brignoles
Le Luc
Aubagne
Cassis
La Ciotat
Bandol
Sanary-sur-Mer
Six-Fours-les-Plages
Toulon
La Seyne-sur-Mer
La Valette-du-Var
La Garde
La Crau
Hyères
Giens
Bormes-les-Mimosas
Le Lavandou
Cavalaire
Porquerolles
Île de Porquerolles
Île de Port-Cros (Parc National)
Rade d'Hyères
Îles d'Hyères

Cime de la Bonette
Lacs de Vens
St-Étienne-de-Tinée
Auron
Isola 2000
Le Boréon
St-Martin-Vésubie
Péone
Valberg
Beuil
Roubion
06
Tende
Saorge
Entrevaux
Puget-Théniers
Madone d'Utelle
Lantosque
Lucéram
Sospel
Coaraze
Peille
Peillon
Ventimiglia
MENTON
Roquebrune
Cap-Martin
MONTE-CARLO
MONACO
Cap-d'Ail
Beaulieu-sur-Mer
Villefranche-sur-Mer
St-Jean-Cap-Ferrat
NICE
Carros
Vence
St-Paul
Cagnes-sur-Mer
St-Laurent-du-Var
Gourdon
GRASSE
Biot
Marineland
ANTIBES
Vallauris
Golfe-Juan
Juan-les-Pins
Cap d'Antibes
CANNES
Mougins
Mandelieu-la-Napoule
La Napoule
Théoule-sur-Mer
Îles de Lérins
Fayence
Le Trayas
Agay
St-Raphaël
Fréjus
St-Aygulf
Les Issambres
Ste-Maxime
ST-TROPEZ
Port-Grimaud
Gassin
Ramatuelle
Cap Camarat
Cap Lardier
Corniche de l'Esterel
Baie des Anges

SOMMAIRE

MONACO, MENTON ET L'ARRIÈRE-PAYS

NICE

ARRIÈRE-PAYS NIÇOIS

CANNES, ANTIBES, SAINT-PAUL-DE-VENCE ET L'ARRIÈRE-PAYS

FRÉJUS, SAINT-RAPHAËL ET ALENTOURS

SAINT-TROPEZ ET ALENTOURS

DRAGUIGNAN ET ALENTOURS

HYÈRES ET ALENTOURS

INDEX

Le Boréon
Mt Clapier
3045
Casterino
2293
Cascade de l'Estrech
L. du Basto
Roya
Tende
1679
2699
Mt Neillier
2785
Mt Bégo
2872
La Minière-de-Vallaure
PARC
Vée des Merveilles
2
3
La Brigue
D 43
2132
2496
Saint-Grat
Lac Long
2207
St-Dalmas-de-T
5
Granile
Berthemont-les-Bains
2685
Cime du Diable
Bergue-Supérieur
Von de la Gordolasque
Cascade du Ray
Bergue-Inférieur
D 6204
Gges de Bergue
D 171
NATIONAL
DU
Pnte des Trois-Communes
19
Belvédère
L'Authion
2082
Mauriou
Fontan
4
Saorge
6
Forêt de Cairos
La Bollène-Vésubie
Forêt de
1604
Col de Turini
Gges de Saorge
D 70
Lantosque
15
MERCANTOUR
E 74
La Giandola
Turini
1976
Mt Ventabren
9
L'Arpette
Breil-sur-Roya
1610
D 2566
3m7
St-Colomban
77
86
D 2204
Tête d'Alpe
D 2565
Moulinet
1801
11
1587
Pierre Plate
D 73
39
Le Suquet
Peïra-Cava
Col de Brouis
879
D 6204
Pièné-Basse
1372
21
Libre
St-Jean-la-Rivière
Col de la Porte
La Cabanette
Gges du Piaon
Pièné-Haute
89
Rocchetta Nervina
1068
41
Piaon
Col du Pérus
654
1026
4m4
Belvre du Saut-des-Français
990
Col St-Roch
Vée de la Bévéra
8
Col de Vescavo
Fanghetto
12
D 93
Isolab
13
Lucéram
10
7
12
414
Airole
4m3
Col de Braus
15
Olivetta S. Michele
11
Sospel
1015
St-Roch
S 20
413
Coaraze
22
1002
Dolceacqua
642
Col St-Jean
Bévéra
13
Chaîne de Férion
Col de Castillon
Mt Grammont
Torri
Trucco
Berre-les-Alpes
Touët-de-l'Escarène
D 2566A
1378
707
Roia
E 74
514
4m3
Castillon
Villatella
D 15
Col de Nice
14
L'Escarène
3m5
Campo
Bendejun
Gges du Paillon
Vée du Careï
D 615
412
Pic de Baudon
15
Sealza
Le Vignal
Sclos
1264
Monti
Ste-Agnès
Contes
Blausasc
Peille
927
D 22
D 2566
Castellar
10
59
15
16
Villevieille
La Grave
20
Gorbio
32 à 38
17
Tourrette-Levens
18
La Pointe-de-Contes
D 2204
Mt Agel
Ventin
Mortola Inferiore
Giardini Hanbury
43
Peillon
1110
Roquebrune-
Ste-Thecle
St-Martin de-Peille
MENTON
Les Moulins
58
29
854
Cantaron
D 21
20
Cap-Martin
Laghet
Scoperta
D 19
La Revère
E 74
Cap Martin
Falicon
Drap
Beausoleil
57
25
30
19
4m4
D 2204A
56
MONTE-CARLO
La Trinité
21
E 80
St-André-de-la-Roche
La Turbie
La Condamine
30
A 8
D 2564
25 à 28
Belvre
Eze
MONACO
55
55
22
Cap-d'Ail
Cimiez
27
26
Eze-Bord-de-Mer
D 6007
3m8
23
Beaulieu-sur-Mer
24
Villefranche-sur-Mer
Mt Alban
(222)
Villa Ephrussi
NICE
St-Jean-Cap-Ferrat
Cap Ferrat

MONACO, MENTON ET L'ARRIÈRE-PAYS

LES FRESQUES DE NOTRE-DAME-DES-FONTAINES

❶

RD143, 06430 La Brigue • Horaires : ne pas se fier aux horaires des guides car ils sont changeants (la chapelle demande une surveillance constante pas toujours facile à assurer). Se renseigner impérativement à l'office de tourisme de La Brigue, place Saint-Martin. • Tél. : 04 93 79 09 34

« *Judas, le ventre ouvert*

Peinte du sol au plafond, Notre-Dame-des-Fontaines fait partie de ces chocs artistiques rares, d'une intensité inégalable. Certains se rappelleront la chapelle Scrovegni de Padoue où l'air est filtré et où les visiteurs patientent 15 minutes dans un sas. Point de sas ici mais point d'éclairage non plus. Les photos au flash sont interdites et il faut une bonne lumière extérieure pour profiter de ces incroyables fresques restées dans un état de conservation tout à fait surprenant.

La chapelle a été peinte entre 1491 et 1492 par les deux plus prestigieux artistes de l'époque : Giovanni Baleison et Giovanni Canavesio. Tous deux Piémontais mais très différents de tempérament, ils se partageaient le travail selon les thèmes à traiter : de la douceur et de la clarté pour Baleison et de la dureté et de l'ombre pour Canavesio. Si l'on retrouve leur signature dans plusieurs autres édifices religieux peints entre 1450 et 1495, comme dans la chapelle Saint-Sébastien de Saint-Étienne-de-Tinée, Notre-Dame-des-Fontaines est considérée comme leur chef-d'œuvre.

Le Judas de Canavesio est l'image la plus terrifiante de ces fresques insolites : il est représenté pendu, la bouche ouverte et la langue pendante. Son ventre est ouvert et laisse apparaître nettement ses viscères, son foie et son cœur. Sur le côté, un démon ailé extirpe un homoncule (*) du corps de l'apôtre. Cette image symbolise sans doute l'âme du traître, promise au diable. Selon l'Évangile de saint Matthieu, Judas, après avoir embrassé le Christ pour le faire reconnaître par ceux qui venaient l'arrêter, serait allé au temple y jeter l'argent de sa trahison pour aller ensuite se pendre.

Le nom de cette chapelle viendrait de la proximité de sept sources intermittentes et miraculeuses.

(*) Homoncule ou homuncule : homme miniature

À VOIR AUX ALENTOURS

LE FOUR À CHAUX

❷

RD43, 06430 La Brigue

Situé sur une propriété privée, un monumental four à chaux, en partie en ruine, rappelle que cette région frontalière n'a pas cessé de se fortifier contre les menaces des voisins français. À cette époque, ouvrages défensifs et liaisons routières commandaient la production de la chaux (présente dans la plupart des édifices) sur place.
Daté de la fin du XIXe siècle, ce four servait à fabriquer la chaux (le ciment de l'époque) en chauffant à 1 000 degrés le calcaire récolté sur place. À la fin du cycle, on obtenait environ 56 % de la masse calcinée en chaux vive et, lorsqu'on l'avait éteinte, en chaux de liant de construction.

LA MAISON DES ABEILLES

3

Quartier de l'Évêché, 06430 La Brigue

> « ***Des maisons pour protéger les abeilles des ours***

Les maisons des abeilles sont des enclos en pierres sèches qui protègent les ruches, les abeilles et leur miel contre les attaques des ours bruns. Construites par les habitants de La Brigue à partir du XVIe siècle, il en reste aujourd'hui encore une cinquantaine. L'une d'entre elles est notamment visible à côté de la chapelle Notre-Dame-des-Fontaines (route fléchée : vallée de Bens). Non loin, celle du quartier de l'Évêché daterait de 1612, si l'on en croit une pierre gravée à proximité de la porte d'entrée. Ces « ca d'arbinee », comme les appellent les Brigasques, étaient construites sur les flancs des coteaux, exposées au soleil levant et à proximité de points d'eau. Une telle « maison » pouvait contenir près de 100 ruches appelées « bruscs ».

À VOIR AUX ALENTOURS

LA PIERRE DU PILORI

4

Place de l'Église 06540 Saorge

En haut du magnifique village de Saorge, sur la gauche de la façade de l'église, une pierre bleutée, plus grosse qu'un ballon, n'attire pas particulièrement l'attention. Socle de l'ancien pilori du village, cette pierre, selon la tradition orale, daterait du Moyen Âge. Destiné à exposer à la vindicte publique un délinquant, le plus souvent un vendeur ayant triché sur la qualité ou la quantité d'un produit, le pilori ne fut aboli en France qu'en 1848. Attaché pieds et poings liés, le condamné devait subir les quolibets, les insultes, les crachats et autres aménités de la foule. L'expression « cloué au pilori » vient évidemment de cette coutume médiévale au sens où le condamné était matériellement empêché d'échapper à son sort.

LA GARE « MUSSOLINIENNE » DE SAINT-DALMAS-DE-TENDE

5

Les voyageurs qui arrivent pour la première fois en gare de Saint-Dalmas-de-Tende se demanderont probablement s'il n'y a pas erreur : totalement disproportionnée par rapport à la taille de la petite ville, la gare est en effet une immense construction de style dit « mussolinien », datant de 1928. Ville proche de la frontière sur la voie ferrée Nice-Cuneo, Saint-Dalmas-de-Tende marquait l'arrivée en territoire italien. La gare est aujourd'hui fermée et laissée à l'abandon, même si les trains continuent de s'y arrêter.

LA PLAQUE COMMÉMORATIVE DE LA CONSTRUCTION DE L'AXE NICE-TURIN

6

RN204 06540 Saorge

Entre deux tunnels, sur la paroi de la rive gauche de la Roya, une inscription gravée dans la roche commémore la réalisation de la route stratégique Nice-Turin, construite sur ordre de Charles-Emmanuel Ier de Savoie à la fin du XVIe siècle.

RESTAURANT ORIENT-EXPRESS

7

Gare de Sospel, 06380 Sospel
- Tél. : 06 10 50 61 77
- Ouvert tous les jours midi et soir
- Fermeture le mercredi et le samedi midi
- Menus à 22,50 € et 29,50 €

“ *Un restaurant dans un train*

Géré par une association à but non lucratif, le Restaurant Orient-Express est hébergé dans un wagon de l'ancienne ligne Sud Express reliant Paris à Lisbonne via Madrid. Datant de 1938, le wagon fut acheté en 1978 à Irun (à la frontière franco-espagnole) à la Compagnie des Wagons-Lits qui réduisait alors son stock de matériel roulant au fur et à mesure que ses prestigieuses lignes reculaient devant la concurrence de l'avion.

Tous les bénéfices du restaurant étant utilisés pour la restauration de voitures anciennes de chemin de fer, nous ne pouvons que vous inviter à défendre cette noble cause.

Pour les passionnées du rail, le restaurant Le Wagon Bleuà Paris (voir *Paris bars et restaurants insolites* chez le même éditeur) est également situé dans un authentique wagon de l'Orient Express.

À VOIR AUX ALENTOURS

LE MINIMUSÉE DES MINIATURES

8

7, rue de la République 06380 Sospel
Tél. : 04 93 04 16 53
Ouvert de l'Ascension à fin septembre de 10h à 12h sauf le mercredi et le samedi
Entrée 2 €, enfant et groupes 1 €

Annexe miniature du wagon-restaurant de l'Orient Express, le musée présente un réseau de trains électriques sur 220 mètres de rails.

DES BOUTONS DE CULOTTE DANS L'ÉGLISE

9

Église Sancta-Maria-in-Albis
Place Brancion 06540 Breil-sur-Roya
Ouverte tous les jours de 10h à 12h et de 14h30 à 18h (19h l'été)

À l'intérieur de l'église paroissiale, il faut de bons yeux pour distinguer ces petits ronds de nacre qui ornent la balustrade en marbre où s'agenouillent les fidèles pour la communion. À la suite du passage d'une équipe de pilleurs d'église, les Breillois s'aperçurent que ces précieuses rondelles de nacre avaient été subtilisées. Décision fut alors prise de combler ces vides par les boutons de culotte (en nacre également) que quelques pieuses paroissiennes sacrifièrent à l'intégrité de leur église.

LE FORT SAINT-ROCH

10

RD2204, 06380 Sospel
Tél. : 04 93 04 00 70
Ouvert de 14h à 18h les samedis, dimanches et jours fériés en avril, mai, juin et octobre
Tous les jours sauf le lundi de juillet à septembre
Entrée : 5 €

« *Le musée de la ligne Maginot*

Construit en 1932, le fort Saint-Roch était une véritable ville souterraine qui faisait partie de la fameuse ligne Maginot. Aujourd'hui, sa visite permet de se rendre compte avec précision de la mission qu'il remplissait : verrouiller la vallée de la Bévéra et empêcher les trains blindés italiens de pénétrer en territoire français.

Bénéficiant des derniers progrès de la technologie de cette période d'avant-guerre, le complexe fortifié de Saint-Roch était armé d'un canon de 75 millimètres visant la gare de Sospel, de quatre mortiers aveugles tirant en oblique autour du fort, de mitrailleuses à tir rapide et de lance-grenades au cas où les fossés du fort seraient investis par l'ennemi. 5 000 mètres cubes de béton et 385 tonnes d'acier protégeaient près de 300 hommes qui pouvaient vivre en autarcie pendant trois mois. La visite, à 50 mètres de profondeur, des salles de production d'électricité, de ventilation et de filtrage de l'air, de l'infirmerie, des cuisines, des chambrées et des toilettes permet de mieux apprécier les conditions de vie difficiles de ces hommes. Au bout d'un couloir sans fin on descend aussi dans les salles de stockage de munitions par un plan incliné à 45 degrés, d'où l'on remonte dans les salles de tir. Les ordres donnés depuis des salles d'observation étaient transmis par « parlophone » dont le tuyau de cuivre est toujours visible au plafond des galeries souterraines.

LA LIGNE MAGINOT

Construite dans les années 1930, la ligne Maginot était une ligne de fortifications et de défense qui couvrait une zone allant de la Sarre jusqu'à la Méditerranée. Seules les frontières avec la Belgique et la Suisse ainsi que la trouée de la Sarre ne furent pas protégées afin d'obliger l'armée allemande à passer par ces voies d'invasion. L'armée allemande passa finalement par la Belgique (qui avait opté pour la neutralité en 1936) où s'interrompait la ligne de défense, contournant ainsi, comme prévu par les stratèges, l'obstacle de la ligne Maginot, mais avec une telle rapidité et une telle efficacité (la « blitzkrieg » ou guerre éclair) que tous les plans défensifs français furent anéantis. Sur le front italien, les défenses démontrèrent leur grande efficacité, mais l'armistice franco-italien de juin 1940 mit rapidement fin aux combats. Le nom de la ligne rappelle celui d'André Maginot, ministre de la Guerre en 1929 qui milita activement pour sa construction, même si celle-ci est principalement due à Paul Painlevé.

LA TOUR DE LUCÉRAM

11

Rue de la Tour
06440 Lucéram

Une tour « ouverte à la gorge »

Village typique de l'arrière-pays, accroché à la forte pente des montagnes et longé par le Paillon qui rejoint la mer à Nice, Lucéram fut longtemps une étape de la Route du Sel (voir page 222). Le village a gardé une partie de ses remparts et surtout une curieuse tour « ouverte à la gorge ».

Si de l'extérieur des remparts, rien n'indique la particularité de cette tour, de l'intérieur, on comprend mieux la technique architecturale défensive qui consistait à évider la partie donnant sur le village à protéger. Ceci permettait d'interdire à un éventuel envahisseur d'utiliser l'ouvrage pour attaquer l'intérieur du village mais aussi de pouvoir ravitailler ses occupants très facilement, aussi bien en nourriture qu'en munitions. La tour est haute de 15 m et mesure 4,10 m de circonférence.

À VOIR AUX ALENTOURS

12

L'église de Lucéram dédiée à sainte Marguerite possède l'un des plus riches patrimoines religieux de la région. Le retable de saint Antoine de Padoue peint par Jean Canavesio côtoie l'un des chefs-d'œuvre de Louis Bréa : le retable de sainte Marguerite. Le trésor de l'église est considéré comme étant le quatrième de France par son importance. On remarquera bien sûr *Sainte Marguerite issant du dragon* (c'est-à-dire sortant du dragon) en or et en argent.

MUSÉE DES VIEUX OUTILS

13

Chapelle Saint-Jean, 06440 Lucéram
S'adresser à l'office de tourisme :
Tél./fax : 04 93 79 46 50
Mail : officedetourismedeluceram@wanadoo.fr

Des loups chez les Pénitents

Le très beau village de Lucéram ne se parcourt qu'à pied, non pas à cause d'une réglementation favorisant la pratique piétonnière, mais par sa composition même « en crèche », accroché sur un piton rocheux et accessible par un lacis de ruelles étroites, pentues, parfois en escaliers et sous voûtes.

On arrive ainsi, juste en dessous de l'église, à la chapelle Saint-Jean, ancien lieu de réunion de la confrérie des Pénitents Blancs (voir à propos des Pénitents page 89). La façade de la chapelle montre d'ailleurs une fresque estompée représentant deux Pénitents au pied d'une crucifixion.

À l'intérieur de la chapelle, le musée des Vieux outils rassemble plusieurs centaines d'instruments utilisés dans le passé pour les activités agricoles, artisanales ou domestiques. Ainsi se côtoient les outils de la vigne et du vin, ceux de l'huile d'olive, de la lavande et de la distillerie, du travail de la terre et des récoltes. L'objet le plus spectaculaire reste probablement le collier à loup, qui était systématiquement porté autour du cou par les brebis et les moutons lorsqu'ils dormaient dans les pâturages. C'est en effet à la gorge que ce prédateur attaquait leurs proies.

À VOIR AUX ALENTOURS

UN AIGUISOIR À HACHES

14

Rue Haute-de-la-Tour
06390 Berre-les-Alpes

Pratiquement en face de La maison de Richard Cairaschi, située au 6 rue Haute-de-la-Tour se dresse un mur de base d'une tour du château. En y regardant de plus près, on remarque de curieuses fentes creuses régulières dont il est difficile d'imaginer la fonction. Il s'agit en fait de l'aiguisoir à haches utilisé depuis le XIVe siècle par les habitants du village.

MUSÉE DE LA VIGNE ET DU VIN

15

1, rue Scuderi, 06390 Contes

Ouvert les deuxième et quatrième dimanches du mois de 10h30 à 12h30 et de 14h à 17h Fermeture annuelle en novembre

Tarif : 1,50 €

La grotte secrète d'un amateur de vin

Tout au fond de la cave à vin que s'était fait bâtir l'ancien notaire de Contes, Maître Fossati, une étonnante grotte est accessible par une entrée dérobée. L'officier ministériel, connu comme un grand amateur de vin, avait rassemblé dans sa cave tous les outils et les instruments nécessaires à son conditionnement et à sa conservation : des tonneaux, des fûts, des bouteilles rangées sur une superbe vinothèque. Tout au bout de la cave, un curieux retour de mur peu visible si l'on n'y porte pas une attention particulière servait de discrète entrée à la grotte de dégustation du notaire. Basse de plafond et tapissée de pâte à papier, donnant aux murs un côté à la fois théâtral et artificiel, la grotte n'a pour seul mobilier qu'une table baroque et deux bancs, le tout en jolie rocaille imitant la texture végétale. On a un peu de mal à imaginer à quel moment et avec qui Maître Fossati venait s'isoler ici. Peut-être n'avait-il alors pour seule compagne que l'une de ses précieuses bouteilles ?

C'est dans cette série de caves qu'est abrité aujourd'hui le musée de la Vigne et du Vin. Ouvert avec parcimonie, il présente l'ensemble des instruments spécialisés que le notaire avait rassemblés.

À VOIR AUX ALENTOURS

LE MARTINET ET LE MOULIN À FER DE CONTES

16

Quartier La Laouza 06390 Contes

- Ouvert tous les samedis de 9h30 à 12h30 et de 14h à 17h
- Fermeture annuelle en novembre. Tarif : 2 €

Unique dans les Alpes-Maritimes, le moulin à fer de Contes a été construit au XVIe siècle. Situé près de la rivière, il est classé monument historique depuis 1979 et est l'un des rares exemplaires au monde encore en état de marche. Il a même été en service jusqu'en 1951. Un moulin à fer est une forge utilisant l'énergie hydraulique pour fonctionner. L'eau va en premier lieu remplacer le soufflet par un système de trompe à eau. De façon simplifiée, l'eau s'engouffre dans une colonne verticale et l'air compressé par le poids de l'eau est utilisé pour attiser le feu. La pièce maîtresse est le « martinet », mot que l'on emploie aussi pour désigner de tels moulins. Ce martinet, ancêtre du marteau-pilon, est en fait un gros marteau constitué d'un heurtoir en fer de 45 kilos et d'un manche en bois soulevé par la force de l'eau. Enfin, la force hydraulique fait tourner la meule destinée à aiguiser les outils. Le martinet de Contes produisait essentiellement de l'outillage agricole (haches, serpes, faux), la matière première (le fer et l'acier) étant achetée à Nice.

LA PIERRE GRAVÉE DU CASTEL

17

Mairie, 06390 Contes

Le sens caché de la pierre

Découverte en 1972 dans les murs de l'ancien château, la pierre du Castel reste encore aujourd'hui une énigme pour les scientifiques. Constituée d'un bloc en grès très fin et friable, elle comporte d'un côté une croix (sans doute pour la christianiser) et de l'autre une série de signes gravés comparables à ceux datant de l'âge du bronze qui ont été retrouvés dans la vallée des Merveilles.

En 1973, l'Institut de préhistoire et d'archéologie des Alpes-Maritimes a publié un rapport la concernant (*) : 14 cupules (1) n'ont pu être interprétées, rien ne prouvant qu'elles ne soient pas naturelles. Le plus intrigant reste une série de sept signes bien individualisés qui ressemblent nettement à des écritures anciennes du bassin méditerranéen : le protosinaïtique, le cananéen, les hiéroglyphes égyptiens, le phénicien, le grec et l'étrusque ont été reconnus. Quelques signes évoquent également l'écriture runique des anciens peuples de langue germanique.

Même s'il n'a finalement pas été possible de trouver un sens cohérent aux gravures évoquant des plantes, des animaux ou des personnages, les experts estiment que cette pierre aurait pu être gravée entre les IVe et XVIIe siècles par un érudit qui connaissait les écritures antiques.

On pouvait auparavant contempler cette pierre (qui fut utilisée comme pierre de réemploi lors de travaux effectués au Castel (château) de Contes au XVIIe siècle) dans la rue du Castel. Curieusement, le propriétaire a vendu la pierre au musée des Merveilles de Tende. S'il est donc toujours possible d'aller voir l'original, on peut se contenter de son fidèle moulage exposé à la mairie de Contes.

(*) Bodard Pierre et Ricolfis Jean-Marie – Une pierre à gravures à Contes (Alpes-Maritimes) in Mémoires, Tome XV, Institut de préhistoire et d'archéologie des Alpes-Maritimes, 1971-1972, p. 39 à 43, 2 figures.

(1) Cupule : creux dans la pierre par analogie avec l'organe écailleux entourant certains végétaux comme la châtaigne.

À VOIR AUX ALENTOURS

LA PIERRE DE LA BOUGIE

18

Rue du Fraou 06390 Contes

Discrètement signalée par une plaque fixée au mur dans la rue du Fraou, se trouve une pierre qui servait à allumer les bougies lors des ventes aux enchères. Destinées à l'époque à l'attribution des moulins à huile, les ventes à la bougie (ou à la chandelle) remontent au XVe siècle et sont toujours pratiquées aujourd'hui. Il s'agit de bougies à mèches très courtes qui, lorsqu'elles sont entièrement consumées, provoquent une fumée attestant de leur extinction. C'est après l'extinction des deux bougies, sans que personne n'ait enchéri pendant leur combustion (15 à 30 secondes), que l'adjudication est prononcée. Ce système donne au dernier enchérisseur un temps de réflexion avant de clore la vente.

LA PYRAMIDE DES RATAPIGNATA

19

Domaine de la Bastide, 06950 Falicon
Accès : pour se rendre à la pyramide, laisser la voiture au hameau de L'Aire-Saint-Michel. Deux itinéraires (à pied) sont alors possibles. **La première option** est d'emprunter le fameux GR5 dont le point de départ est justement L'Aire-Saint-Michel et dont le terme est en Hollande. Le chemin monte et passe sous deux lignes à haute tension après une bonne vingtaine de minutes de marche en côte. Juste avant de passer sous la deuxième ligne, chercher sur la droite un sentier de chèvre, peu marqué et qui monte droit sur la crête. La pyramide se trouve juste en dessous. **La deuxième option** consiste à emprunter la D114 sur 200 mètres et à tourner à gauche jusqu'au hameau des Giaïnes. De là, prendre le chemin indiqué « Chemin des Ratapignata », un beau chemin très pentu saccagé par des VTTistes qui ont démonté toutes les marches d'escalier en pierre pour pouvoir dévaler à leur aise. De ce fait, le sol est très glissant et constitué de « billes » sur lesquelles on dérape (surtout à la descente). Dans le même esprit, toute la signalisation en bois du Conseil Général a été sciée pour en faire du bois de cheminée... Après un bon quart d'heure de montée surgit une ruine : prendre à droite en suivant un sentier balisé de tampons ronds jaunes.

Une mystérieuse pyramide

Un peu perdue dans la campagne, une mystérieuse pyramide, dont la pointe a été arasée en partie, ouvre sur un gouffre vertigineux qui a pris le nom de grotte du Mont-Chauve ou des Ratapignata (« chauve-souris » en nissart). Découverte en 1803 par Domenico Rossetti, un avocat italien, la grotte tire son nom des oiseaux qui y avaient élu domicile.

La proximité immédiate du gouffre et de la pyramide n'est certainement pas le fruit du hasard. Si plusieurs hypothèses ont été émises, aucune cependant n'a encore fait l'unanimité. Balise d'un temple souterrain dédié à Mythra et édifiée par les soldats romains cantonnés à Cimiez ? Signal érigé par les Templiers permettant de repérer de loin l'entrée de la grotte abritant une colonie de lépreux ? Construction esthétique du XIXe siècle pour rester dans l'esprit de l'expédition en Egypte ?

L'hypothèse la plus récente et qui semble la plus plausible est tout simplement celle d'une marque, édifiée par celui qui a découvert la grotte, Domenico Rossetti, lui permettant de repérer l'entrée de loin et de sacraliser ainsi le lieu. Notons d'ailleurs que dans la description détaillée de l'avocat, celui-ci ne parle à aucun moment d'une pyramide…

Jusqu'où peut-on emprunter les galeries souterraines de la grotte des Ratapignata ? Nul ne le sait car un réseau hydrologique intense empêche d'avancer très loin dans les explorations spéléologiques. L'on sait en revanche que la colline est truffée de souterrains dont certains débouchent dans les maisons du hameau des Giaïnes.

À VOIR AUX ALENTOURS

LES VITRAUX EN PLASTIQUE DE LA CHAPELLE SAINT-MARTIN-DE-PEILLE

20

RD53 06440 Peille • Renseignements sur la fin des travaux et sa future ouverture à la mairie de Peille • Tél. : 04 93 91 71 71

Située entre La Turbie et Peille, la chapelle Saint-Martin-de-Peille, construite par Guzzi en 1951, mérite un détour (même si au moment où paraît ce guide, elle est toujours en travaux et ne se visite pas). Son style des années 1950 ainsi que son auvent, une véritable casquette de ciment en prolongement du toit, sont surprenants. Autre originalité de la chapelle : les vitraux sont en plastique.

LE SANCTUAIRE NOTRE-DAME-DE-LAGHET

21

Sanctuaire Notre-Dame-de-Laghet 06340 La Trinité
Ouvert toute l'année de 7h à 21h Musée de 15h30 à 17h (sauf mardi)
Tél. : 04 92 41 50 50 Fax : 04 92 41 50 59
http://nice.cef.fr/laghet Mail : sanctuairelaghet@free.fr

Les miracles de Laghet

Inauguré au XVIIe siècle, le sanctuaire Notre-Dame-de-Laghet possède une collection exceptionnelle de plus de 4 000 ex-voto répartis entre le cloître, l'église et, pour les plus précieux, le musée. Malheureusement, le sanctuaire fut pillé à la révolution et les ex-voto les plus anciens ne datent désormais que de la fin du XVIIIe siècle.

Parmi les pièces les plus intéressantes du musée, signalons notamment l'ex-voto relatant l'accident survenu à Constantin Spinelli. Alors qu'il était dans le coma après être tombé d'un train, la Vierge lui apparut et lui dit : « Ce n'est pas encore pour toi l'heure de mourir. Spinelli, convertis-toi ! » Communiste militant, il se convertit avec toute sa famille, mais ne révéla l'apparition de Marie qu'au moment de sa mort.

L'histoire du sanctuaire de Notre-Dame-de-Laghet remonte au XVIIe siècle lorsque Don Jacques Fighiera, un prêtre du proche village d'Eze, restaura à ses frais la chapelle délabrée du hameau de Laghet. En 1652, trois prodiges firent connaître le modeste lieu de culte : Hyacinte Casanova, un malade de la lèpre qui avait été condamné par la médecine, guérit subitement après sa venue à Laghet ; le fils d'Anne Giongona, qui avait été capturé par les pirates barbaresques, recouvra la liberté au moment même où sa mère, en neuvaine à la chapelle, le vit en songe ; enfin, Marie Aicard, épileptique et possédée par le démon, trouva la paix et la sérénité après l'exorcisme que pratiqua Don Fighiera.

Celui-ci plaça alors dans la chapelle de Laghet une statue de la Vierge qu'il avait fait sculpter dans un arbre de ses terres et qui devint l'objet de la vénération des pèlerins. Avec le temps, la réputation de Laghet attira de plus en plus de candidats au miracle, ceux-ci se multiplièrent et l'évêque de Nice décida de bâtir un sanctuaire pour accueillir les fidèles. Le sanctuaire fut inauguré le 21 novembre 1656.

QU'EST-CE QU'UN EX-VOTO ?

L'ex-voto est une marque de reconnaissance adressée à un saint ou à une sainte (souvent à la Sainte Vierge) après un « miracle ». Il s'agit de naufrages, d'accidents domestiques ou de maladies pour lesquels l'intercession demandée a été suivie d'un effet positif. L'appellation ex-voto est une abréviation du latin *ex voto suscepto* qui signifie « en raison du vœu fait ».

LE CHATEAU DE L'AIGUETTA

22

Quartier de l'Aiguetta 06360 Eze-Village Accès : depuis le parking du village, prendre la route en face qui conduit à La Turbie et vers la grande corniche. C'est devant le garage des pompiers que l'on voit le mieux le château, un peu dissimulé par la végétation.

« Le château de la Belle au Bois dormant ? »

Si par chance il vous arrive de visiter Eze un jour où l'orage menace, la vision du château de l'Aiguetta vous convaincra que vous venez de quitter la Côte d'Azur pour un séjour impromptu en Écosse. Le bâtiment, avec ses tours, ses créneaux et sa fausse pierre, est tout à fait impressionnant et totalement insolite en ce lieu.

Entamé en 1899, surélevé en 1901 et agrandi dans le premier quart du XXe siècle, le château tombe aujourd'hui en ruine. Il fut édifié par le neveu de Lord Alfred Tennyson, poète anglais reconnu (1809-1892) dans un style tout à fait typique de Disneyland. Walt Disney a d'ailleurs séjourné au village d'Eze. Peut-être y trouva-t-il l'inspiration pour son château de *La Belle au Bois dormant* ?

À VOIR AUX ALENTOURS

SOUVENIRS DE LA NAVY

23

Quai Courbet 06230 Villefranche-sur-Mer

Sur le quai Courbet qui longe les rues et ruelles de la vieille ville de Villefranche-sur-Mer, des plaques fixées au mur rappellent le rôle stratégique de ce port du temps de la guerre froide. Villefranche fut en effet le port d'attache de certains bâtiments de la VIe flotte de l'US Navy qui naviguait en Méditerranée. Les relations entre les militaires et les habitants furent visiblement cordiales et la plaque offerte par l'équipage du croiseur amiral USS Springfield est particulièrement sympathique : « En reconnaissance de l'hospitalité chaleureuse témoignée par les Villefranchois durant les six années de notre séjour en rade. »

LA PRIÈRE DES PRISONNIERS TURCS : UNE PIERRE GRAVÉE PERDUE ET RETROUVÉE PAR HASARD

24

Mairie. Citadelle. 06230 Villefranche-sur-Mer

Dans les ruines du lazaret, après le départ des pelleteuses, on retrouva par hasard en 1960 une pierre sur laquelle est gravée une prière en arabe. Classée aux monuments historiques en 1911, on en avait perdu la trace depuis…
À l'origine, la pierre se trouvait probablement dans le lieu de prière du bagne réservé aux prisonniers de confession musulmane. Les Turcs capturés en mer ou sur les côtes d'Afrique du Nord étaient emprisonnés ou utilisés comme galériens. Il faut noter que jusqu'à un passé récent le mot « Turc » était utilisé pour désigner aussi bien les habitants de l'Empire Ottoman que ceux de la Palestine ou du Maghreb. Le texte aurait été gravé sur la pierre au XVIIIe siècle par un groupe de prisonniers qui priaient Dieu de les délivrer de l'enfer. Une traduction en a été fournie par Marie-Madeleine Viré dans la revue d'études arabes *Arabica*. Après avoir rendu grâce à Dieu, le texte lui demande explicitement de les libérer des « mains de ses ennemis méchants ». La pierre se trouve à présent dans la salle d'accueil de la mairie de Villefranche, dans la citadelle.

L'ANGE DE MER DU MUSÉE OCÉANOGRAPHIQUE

25

Avenue Saint-Martin MC 98000 Monaco

Tél. : + 377 93 15 36 00 www.oceano.mc Mail : resa@oceano.mc

Ouvert de janvier à mars de 10h à 18h, d'avril à juin de 9h30 à 19h, en juillet et août de 9h30 à 19h30, en septembre de 9h30 à 19h et d'octobre à décembre de 10h à 18h

Tarifs : adultes 11 €, enfants (6 à 18 ans), étudiants, handicapés 6 €. Enfants de moins de 6 ans gratuit

« L'origine de la baie des Anges de Nice se trouve à Monaco

Connue dans le monde entier, la baie des Anges baigne la ville de Nice et s'étend du cap d'Antibes (ou pour certains depuis l'embouchure du Var) au cap de Nice. Une légende expliquerait le nom de la baie : le corps de sainte Réparate, décapitée par les Romains en Palestine en 250, aurait été placé dans une barque à la dérive et amené par des anges jusqu'aux rivages de la baie en question. Ses reliques se trouvent aujourd'hui dans la cathédrale Sainte-Réparate de Nice.

Alexis de Jussieu dans son poème *Adam et Ève*, publié en 1856, raconte que lorsque les deux créatures furent chassées du paradis terrestre, elles furent portées par des anges jusqu'aux abords de l'actuelle Nice. Implicitement, on comprend que le lieu rivalisait alors de beauté avec leur paradis perdu… En réalité, le nom de la baie a été donné par les pêcheurs qui remontaient à cet endroit dans leurs filets de très nombreux « anges de mer », un requin de l'espèce *squatina angelus* ou *squatina squatina*. Ce squale, qui a aujourd'hui déserté les côtes qui portent son nom, est inoffensif et se reconnaît par ses ailerons perpendiculaires ressemblant à des ailes.

Si le musée d'Histoire naturelle de Nice possède un bel exemplaire naturalisé de requin ange de plus d'un mètre de long, il se trouve actuellement dans les réserves et n'est pas exposé.

Pour voir un ange des mers aujourd'hui (naturalisé), il faut se rendre au Musée océanographique de Monaco, précisément dans la salle d'océanographie appliquée, dite salle de la baleine, où est visible un *squatina squatina*, ange de mer commun, péché dans le golfe de Porto le 4 octobre1950 par S.A.S. le Prince Rainier III lui-même. Placé en aquarium, il ne survécut que six jours à sa capture.

LES BORNES FRONTIÈRES

26

ENTRE LA PRINCIPAUTÉ DE MONACO ET LA MAISON DE SAVOIE

Borne de la Mairie **(photo à gauche)**
Mairie de Monaco Place de la Mairie 98000 Monaco
Borne de l'escalier Sainte-Cécile **(photo au centre)**
Place du Crédit-Lyonnais 98000 Monaco
Borne de Moneghetti **(photo à droite)**
Chemin de La Turbie 98000 Monaco

Passé les bornes, c'est Monaco...

Monaco cache encore sur son territoire trois bornes frontières, discrètes mais visibles, qui portent chacune la croix de Savoie. Celles-ci marquaient en 1828 la limite des territoires de la principauté (sous protectorat du royaume de Sardaigne) avec la Maison de Savoie.

La première borne est la seule à avoir été déplacée. Datée de 1828, elle se trouvait à l'origine à Roquebrune-Cap-Martin et marquait la frontière entre le royaume de Sardaigne et la Maison de Savoie. Roquebrune et Menton faisaient alors partie de la principauté et se sont ralliés à la France en 1848. La borne est aujourd'hui dans la cour de la mairie de Monaco. Pour la voir, il faut donc pénétrer dans ce bâtiment et demander l'autorisation d'entrer à l'huissier. La mairie étant située en plein cœur du Rocher, c'est l'occasion de se promener dans les ruelles aux nombreuses boutiques, de visiter la cathédrale (avec la tombe de la princesse Grace), d'admirer le palais princier ou d'assister à l'inévitable relève de la garde (à 11h55 précises).

La deuxième borne se trouve à l'actuelle limite entre Monaco et la commune française de Beausoleil, aux pieds de l'escalier Sainte-Cécile. Vous êtes alors à Monte-Carlo, en vue du casino et de l'Hôtel de Paris où les voituriers attendent les Rolls.

Enfin, la troisième borne permet d'échapper aux habituels circuits monégasques puisqu'elle est située en face de l'église de Moneghetti. Tout près du Jardin exotique, Moneghetti est un quartier magnifique offrant une vue imprenable sur la baie. La commune libre de Moneghetti organise régulièrement des manifestations qui font vivre cette partie de Monaco rarement visitée.

COMMENT TRAVERSER LA PRINCIPAUTÉ EN 17 MINUTES À PIED ?

27

Monaco en sous-sol

Ce n'est un mystère pour personne, le fléau principal de la principauté pour le piéton est son escarpement qui transforme tout trajet à pied, dans le sens de la largeur, en épreuve parfois pénible. D'autre part, la circulation est, comme sur toute la Côte d'Azur, souvent dense et, en saison, saturée. Voici donc un parcours qui permet, en un temps record et en fournissant un effort physique modéré, d'aller boire un verre sur le port de Monaco ou d'assister à la relève de la garde. Le tout avec une suggestion de parking gratuit…

Emprunter tout d'abord la moyenne corniche. Rappelons que trois routes, sans compter l'autoroute, relient Nice à Monaco : la basse corniche ou corniche inférieure, la moyenne corniche et la grande corniche ou corniche supérieure. Garer la voiture à la hauteur du panneau de fin de la commune de La Turbie, suivi du panneau annonçant celle de Beausoleil (n° 1*). Le premier ascenseur public de votre trajet se trouve sur la gauche (en allant vers l'Italie), dans l'immeuble Patio Palace (n° 2). À l'intérieur du bâtiment, changer d'ascenseur pour emprunter le « panoramique ». Il vous conduira à la sortie de l'immeuble sur l'avenue Hector-Otto (n° 3). Prendre à gauche à la sortie de l'immeuble jusqu'au virage en épingle à cheveu (n° 4), où se trouve le troisième ascenseur de votre périple, toujours dans l'avenue Hector-Otto, dans l'immeuble Les Magnolias (n° 5).

Cet ascenseur vous conduit au boulevard du Jardin-Exotique (n° 6) où vous irez à droite jusqu'à l'ascenseur suivant. Attention il y a un piège : n'empruntez pas l'ascenseur (n° 7) qui se trouve dans une tourelle côté mer du boulevard, mais celui qui se trouve en face dans un immeuble (n° 8). Vous sortirez dans le parking du Jardin exotique sur le boulevard de Belgique (n° 9). Prenez à gauche. C'est là que vous attend la partie la plus longue du trajet à pied mais effectuée sur du plat (n° 10). Comptez cinq bonnes minutes pour rejoindre le dernier ascenseur public de la traversée, c'est celui qui vous conduit à la place Sainte-Dévote, au niveau de la mer, sur le port de Monaco (n° 12). Dans le passage souterrain (n° 11), évitez le dernier piège en délaissant le fléchage « Gare de Monaco ».

* Les numéros indiqués dans le texte correspondent aux numéros des photos de la mosaïque.

DEUX PAYS POUR UN MÊME BOULEVARD

• Boulevard du Général-Leclerc
06240 Beausoleil
• Boulevard de France
98000 Monaco

La commune française de Beausoleil est tellement imbriquée dans celle de Monaco qu'il arrive parfois que l'on change d'État sans même s'en apercevoir. L'exemple le plus frappant est le boulevard qui s'appelle « de France » du côté monégasque et des numéros pairs (à droite en montant l'artère), et « du Général-Leclerc » du côté français et des numéros impairs (à gauche en montant l'artère). Si, dans ce boulevard, les immeubles et les commerces qui se font face se ressemblent, ils ont cependant un statut fiscal drastiquement différent...

LA PRINCIPAUTÉ DE MONACO

La principauté de Monaco avec 1,95 km^2 est le second pays le plus petit au monde après le Vatican (0,44 km^2). Il détient le record mondial de la densité de population avec 16 000 habitants au km^2. Sur les 31 000 habitants recensés en 2006, seuls 3 000 sont monégasques. 125 nationalités différentes se côtoient sur le territoire et, parmi les nombreux étrangers, les Français, majoritaires, représentent 47 % de la population. Pour bénéficier de l'enviée nationalité monégasque, il faut avoir séjourné en principauté plus de 10 ans, après l'âge de 18 ans, ne pas être fonctionnaire ou avoir des obligations militaires dans un autre pays et renoncer à sa nationalité antérieure. Ces critères d'admission sont nécessaires mais pas suffisants car la décision souveraine finale appartient au seul Prince. Les langues officielles sont le français et le monégasque (ou ligure monégasque car proche du parler de la côte italienne de la Ligurie). Monaco est une monarchie constitutionnelle avec un Prince à la tête de l'État et un ministre d'État nommé par le Prince avec l'agrément de la France.
L'autorité des Grimaldi sur Monaco fut reconnue en 1314. Elle s'est perpétuée jusqu'à aujourd'hui, à l'exception d'une courte période entre 1793 et 1814, au cours de laquelle Monaco fut intégrée à la France, sous le nom de Fort Hercule. Au congrès de Vienne en 1815, la ville fut placée sous protectorat du royaume de Sardaigne jusqu'en 1860 avant de retrouver sa souveraineté en 1861. Les communes françaises de Menton et de Roquebrune (aujourd'hui Roquebrune-Cap-Martin) faisaient autrefois partie de la principauté. En 1848, elles se soulevèrent et se proclamèrent villes libres. Elles furent rattachées à la France lors du traité de 1861.

PROMENADE PÉDESTRE

28

SUR L'ANCIENNE VOIE DU TRAMWAY QUI RELIAIT LA TURBIE À MONACO

Place de la Crémaillère 98000 Monaco
Rue de la Crémaillère 06240 Beausoleil
Ancienne voie de la Crémaillère 06240 Beausoleil
Chemin de la Crémaillère 06320 La Turbie

> ***Une promenade nostalgique et sportive***

Voici une manière nostalgique et sportive de découvrir les alentours de Monaco : emprunter la voie du tramway qui, dans le temps, reliait Monaco à La Turbie.

À l'époque où les communes de Cap-d'Ail et de Beausoleil n'existaient pas encore, les élus de La Turbie eurent l'idée de désenclaver la partie haute du village afin de permettre son développement touristique. La commune possédait en effet sur son territoire le remarquable site romain du Trophée des Alpes. C'est ainsi que furent posés 2,6 kilomètres de rails sur lesquels le premier tramway à crémaillère, tiré par une locomotive à vapeur, fit ses débuts le 10 février 1894. Le 8 mars 1932 le train en pleine ascension repartit soudainement en arrière à une vitesse grandissante que rien ne put freiner. Le drame fit plusieurs morts et mit définitivement fin à l'exploitation du tramway. Même si aujourd'hui on parle d'une éventuelle réouverture de ce moyen de transport, largement développé en Europe, il semble que la pression immobilière soit devenue trop forte pour que le projet aboutisse.

Pour relier à pied Monaco à La Turbie en observant les traces encore visibles du tramway, partir de la place de la Crémaillère à Monaco. Juste au-dessus, une rue sans nom appartenant à la commune de Beausoleil est dominée par deux énormes piliers qui ne sont autres que les soubassements de l'ancienne gare terminus. Empruntez l'escalier du Riviera qui relie directement Monaco au Riviera Palace. Depuis le prestigieux hôtel (aujourd'hui copropriété dont on visite certaines parties avec l'office de tourisme de Beausoleil), la rue de la Crémaillère sur la gauche vous mènera jusqu'à l'usine EDF. On voit nettement la tranchée verte qu'empruntait le tram mais on ne voit plus l'inscription sur l'ancienne gare « Monte-Carlo supérieur ». Une fois sur la moyenne corniche, prendre l'ancienne voie goudronnée de la Crémaillère jusqu'à ce qu'un chemin de terre la prolonge. L'arrivée au village de La Turbie se fait par le chemin de la Crémaillère où, de-ci de-là, émergent quelques traces ferreuses de l'ancienne voie du tramway.

MONTE-CARLO OU MONACO ?

Si la confusion existe souvent dans l'esprit de ceux qui n'habitent pas la région, voici une clarification : Monte-Carlo est l'un des six quartiers composant la principauté de Monaco. Il fut nommé « Mont-Charles » en l'honneur du Prince Charles III de Monaco.

LE CADRAN SOLAIRE DE LA CHAPELLE SAINT-MICHEL

29

Basilique Saint-Michel-Archange, parvis Saint-Michel 06500 Menton
Visites de l'église : tous les mardis à 14h30
Rendez vous à l'hôtel Adhémar de Lantagnac, 23 rue Saint-Michel
Voir le cadran sans bateau : Esplanade Francis-Palmero 06500 Menton

« Un rare cadran solaire à l'italienne visible de la mer

Lors des travaux de réfection des façades de la basilique Saint-Michel-Archange de Menton, l'équipe des Monuments historiques a mis au jour le tracé d'un cadran solaire mural que le temps avait rendu presque invisible.

D'une superficie de près de 50 m2, le cadran est probablement l'un des plus grands cadrans solaires verticaux au monde. Situé sur la façade sud de l'église, le cadran était surtout destiné aux marins qui pouvaient, de leur bateau, consulter l'heure. S'il n'était auparavant visible que depuis la mer, on peut aujourd'hui le voir (difficilement) entre deux palmiers depuis l'extrémité de l'esplanade Francis-Palmero.

L'autre particularité du cadran est d'être un cadran à l'italienne (voir ci-dessous), Menton ayant été italienne jusqu'en 1793. La restauration du cadran l'a néanmoins « modernisé » quelque peu en lui adjoignant un « sous-cadran » qui donne l'heure « napoléonienne », c'est-à-dire l'heure telle qu'on la lit aujourd'hui.

Consacrée en 1653, l'église a été élevée au rang de basilique par Jean-Paul II, le 26 mars 1999, en raison de son importance dans la vie locale, passée et présente. Son clocher ou campanile, symbole de la ville, date de 1701 et sa façade de 1819. Rappelons qu'une basilique est une église catholique qui a été honorée par un événement particulier (miracle, lieu de pèlerinage…). Seul un pape peut élever une église au rang de basilique.

L'HEURE ITALIQUE

Apparue au XIVe siècle dans les régions qui forment aujourd'hui l'Italie, l'heure italique était alors diffusée par l'Église et les cloches pour sonner les heures. Commençant au coucher du soleil, la journée était divisée en 24 heures et les cadrans étaient donc gradués de I à XXIV.
Il devint néanmoins vite fastidieux et source d'erreur de compter jusqu'à 24 coups de cloche pour compter l'heure.
Dès le XVe siècle, on simplifia donc le système en faisant sonner les cloches 6 fois au lieu de 24. Cette simplification de l'écoute s'appliqua rapidement à la lecture de l'heure et les cadrans gradués de I à VI apparurent.
Lors des campagnes napoléoniennes, l'heure « italique » fut remplacée par l'heure « à la française ». Les cadrans furent gradués de I à XII et les journées commencèrent à minuit.

LA VILLA FONTANA ROSA

32

3, avenue Blasco-Ibañez
06500 Menton
• Ouvert seulement en visite commentée avec le service du Patrimoine les vendredis (hors jours fériés) à 10h (voir page 49). Rendez-vous sur place

Une villa des romanciers

Même si le lieu est encore en travaux et n'est visible qu'en visite guidée, la villa Fontana Rosa ne décevra pas les amateurs d'insolite. Construite de 1922 à sa mort en 1928 par Vicente Blasco Ibañez, romancier espagnol originaire de Valence, où il fait l'objet d'une vénération extraordinaire, la maison se voulait une villa des romanciers.

Pendant sept ans, Ibañez commandera des statues en bronze de ses écrivains préférés au sculpteur russe Léopold Bernstamm. Balzac, Dickens, Zola, Hugo, Dostoïevski, Flaubert, Boccace, Tolstoï, Goethe, Poe, Stendhal et Beethoven, son musicien de prédilection, prendront ainsi place dans le parc. Cervantès, son compatriote, aura droit à un traitement de faveur : l'accès à la rotonde qui lui est consacrée se fait par un escalier monumental et, sous la colonnade en pergola, 100 carreaux de céramique réalisés à Manises près de Valence, racontent un Don Quichotte inédit et splendide.

La bibliothèque dont on a pu récupérer une partie des 500 000 livres est elle aussi dans un état très dégradé mais devrait à terme être le coeur de l'animation future prévue pour la villa. Il s'agira en effet d'une villa littéraire où le public pourra venir emprunter des livres et les consulter dans le jardin.

À VOIR AUX ALENTOURS

HOMMAGE À DEUX VENDEUSES DE LÉGUMES ET DE SOCCA : LES PLAQUES DE LA TATOUNE ET DE LA TAVINA

33

Halle municipale
Rue des Marins 06500 Menton

Initiative unique mais ô combien sympathique que celle de rendre hommage à une marchande de légumes et à une vendeuse de socca* et de pichade** ! Deux plaques scellées au mur du marché couvert de Menton honorent ainsi la mémoire de Madame Octavie Orengo dite la Tavina et de Madame Joséphine Viegl dite la Tatoune.

* La socca est une grande crêpe circulaire fine à base de farine de pois chiche additionnée d'un peu d'huile d'olive, d'eau et de sel. Elle se cuit dans des plaques en cuivre au four (et selon une tradition qui se perd, au feu de bois). Les vendeurs la découpent avec une spatule et y ajoutent à la demande un peu de poivre. Spécialité de Nice et de Menton, elle se déguste à l'apéritif avec un verre de vin ou en flânant dans les rues de Menton ou du vieux Nice. La socca ne se réchauffe pas, elle se déguste chaude à la sortie du four.

** La pichade, spécialité du pays mentonnais, est une pâte à pain sur laquelle on ajoute tomate, oignons, ail et petites olives noires.

LA PIERRE ÉCRITE DE LA RUE PIETRA-SCRITTA

34

Rue Pietra-Scritta, au niveau du numéro 38
06500 Menton

Une rue qui porte bien son nom

Scellée sur les rochers au milieu de la rue (le nom de la rue, « pietra scritta », signifie « pierre écrite » en mentonnais), une plaque de marbre abrite une inscription latine dont la traduction est : « Antoine Ier ordonna l'élargissement de cette voie à travers les rochers pour ses déplacements ainsi que pour les commodités de son peuple. An 1717. » Prince de Monaco, duc de Valentinois, marquis des Baux, comte de Carladès et seigneur de Menton, Antoine Ier fut également seigneur de Roquebrune de 1701 à 1731.

C'est en 1346 que les Grimaldi firent l'acquisition de la seigneurie de Menton (puis de celle de Roquebrune). Ces seigneuries, avec celle de Monaco, constitueront le territoire de la Principauté de 1633 à 1861. Une parenthèse interrompit cependant cette dépendance puisque Menton fit partie du premier département des Alpes-Maritimes constitué de 1793 à 1814. En 1860, c'est par une écrasante majorité que la population de Menton (ainsi que celle de Roquebrune et de Nice) choisit de lier son destin à la France. Une dernière parenthèse italienne aura lieu pendant la dernière guerre lorsque les troupes de Mussolini envahirent la ville.

LA SALLE DES MARIAGES DE LA MAIRIE DE MENTON

35

Hôtel de Ville 17, rue de la République 06500 Menton
• Tél. : 04 92 10 50 29
• Ouverte tous les jours sauf le samedi, le dimanche et les jours fériés de 8h30 à 12h30 et de 14h à 17h. Tarif : 1,50 € adultes. Tarif groupes et étudiants (- de 25 ans) : 1,15 €. Gratuit pour les - de 18 ans

> **Se marier sous des décors de Cocteau**

C'est en 1957 que la mairie de Menton demanda à Jean Cocteau de décorer la salle des mariages qui servait autrefois de salle d'audience au tribunal de commerce. L'intéressé répondit par ces mots : « À l'impossible, je suis tenu ! » Inaugurée le 25 mars 1958, la salle est devenue emblématique et donne envie à certains de se marier ou de se remarier… C'est d'ailleurs là tout le problème : les demandes de mariage affluent désormais des quatre coins du monde…

Pénétrer dans la salle est un moment magique car, au-delà de son originalité, l'artiste n'a, à aucun moment, voulu désacraliser l'engagement marital. Il a au contraire poussé assez loin l'aspect fastueux et traditionnel sans pour autant oublier d'y ajouter une touche fantaisiste : les sièges tapissés de velours se marient donc avec un tapis en peau de léopard. Jean Cocteau a également demandé que soit jouée la marche nuptiale de Mendelssohn à la fin de chaque cérémonie.

La fresque du mur principal représente les époux : elle, avec sa coiffe mentonnaise, lui, avec son bonnet de pêcheur, l'œil en forme de poisson. Sur le mur de droite, une scène de départ en voyage de noces, où tout le monde n'est pas à la noce ! Et sur le mur de gauche, on retrouve un thème récurrent chez l'artiste : la mort d'Eurydice.

Même le plafond a été peint par Cocteau qui fit pour l'occasion « une cure d'altitude sur les échafaudages ».

Il résumera finalement son travail artistique à la mairie de Menton par cette phrase : « Voilà l'ensemble qui m'aide à rendre moins sévère la rigueur du code Napoléon. »

À VOIR AUX ALENTOURS

LE MUSÉE JEAN COCTEAU

36

Bastion du Vieux-Port 06500 Menton
• Tél. : 04 93 57 72 30
• Entrée : 3 €. Tarif groupes : 2,25 €

Jean Cocteau a toujours entretenu une relation privilégiée avec la ville de Menton. C'est dans le bastion de la ville, fort de défense du port du XVIIe siècle, que Cocteau va réaliser son mémorial, qui sera également sa dernière œuvre. Il conçut lui-même la restauration de l'intérieur et dessina les mosaïques du sol et les vitrines en fer forgé. Le musée est dans son intégralité l'oeuvre du poète et son testament artistique.

COLLECTION D'AGRUMES 37
DU JARDIN DU PALAIS CARNOLÈS

3, avenue de la Madone 06500 Menton
• Ouvert toute l'année, sauf les mardis et jours fériés de 10h à 12h et de 14h à 18h • Entrée libre
• Visites commentées avec le service du Patrimoine selon programme (5 €)
• Pour acheter des kumquats : marché central - Halle municipale - Rue des Marins 06500 Menton

« Le plus petit agrume du monde se déguste à Menton

Très peu connu en France mais cultivé à Menton, le kumquat est le plus petit agrume du monde : pas plus de 5 centimètres. Sa peau, même si elle ressemble à la peau d'orange, se mange et son goût est à la fois acidulé et légèrement amer, ce qui le rend très original. L'arbre, également appelé kumquat ou « citronnier du Japon », tire son nom du cantonnais et signifie « orange d'or » ou « petit agrume d'or ». En France, la production provient de Corse et du pays mentonnais.

Outre les kumquats, le jardin des agrumes du Palais Carnolès renferme la plus importante collection d'agrumes d'Europe : 137 variétés d'agrumes sont ainsi représentées (citrons, oranges, mandarines, clémentines, cédrats, bergamotes...).

Avis aux gourmets : à Menton et sur la Riviera italienne, on cultive également de surprenants artichauts à épines qu'il faut nettoyer et déguster avec précaution tant les épines sont pointues et redoutables. Ils se mangent crus, assaisonnés d'un trait de l'incontournable huile d'olive locale.

MAISON DU PATRIMOINE
5, rue Ciapetta , 06500 Menton
• Tél. : 04 92 10 33 66 • E-mail : josiane.tricotti@ville-menton.fr
• Ouvert du lundi au vendredi de 8h à 12h et de 14h à 17h

À VOIR AUX ALENTOURS

LE JARDIN CLOS DU PEYRONNET 38

Jardin privé : se visite uniquement sur rendez-vous
Avenue Aristide-Briand 06500 Menton
• Renseignements : service du Patrimoine - Palais d'Adhémar de Lantagnac 24, rue Saint-Michel • Tél. : 04 92 10 97 10

Depuis 1915 la famille Waterfield entretient et développe un très original jardin dont le point d'orgue est un « escalier d'eau », succession de bassins carrés dont le dernier n'est autre que la Méditerranée ! Demander également à voir la suggestive fresque dans laquelle le maître des lieux est deux fois présent…

Coaraze
Levens
Plan-du-Var
La Roquette-sur-Var
Ste-Claire
Chaîne de Férion
Berre-les-Alpes
Col de Nice
Bendejun
St-Antoine
Le Vignal
Sclos
St-Blaise
St-Martin-du-Var
Châteauneuf-Villevieille
Contes
Castagniers
Tourrette-Levens
La Pointe-de-Contes
Aspremont
Mt Chauve
Les Moulins
Cantaron
Ste-Thec
Colomars
Falicon
Drap
La Revère
St-André-de-la-Roche
La Trinité
St-Roman-de-Bellet
St-Pancrace
Belvre
St-Isidore
Cimiez
La Madeleine
St-Antoine
Villefra
Mt Alban (222)
Magnan
Villa
NICE
St-Augustin
Cap Ferra
NICE CÔTE-D'AZUR
Cros-de-Cagnes
Anges
Var
Corniche
D 2565
D 19
D 15
D 14
D 615
D 2204
D 21
D 6202
N 202B
D 2209
D 6007
A 8
D 1
D 27
1413
879
854
412
37
12
15
43
10
30
27
7
4
8

NICE

BOULET
TIRAT PER LA FLOTA TU
EN 1543
A L'ASSEDI DE NIS
DOUN SI DESTINGU
CATARINA SÉGURA
L'EROUINA NISSAR

LE BOULET DE CANON DU CENTRE-VILLE ❶

Angle de la rue Droite et de la rue de la Loge
Vieux-Nice

Bon boulet de Turquie

À l'angle des rues Droite et de la Loge, dans le Vieux-Nice, un détail curieux, encadré de deux plaques explicatives, l'une en français, l'autre en nissart (*), attirera l'oeil du passant attentif.

Cet authentique boulet de canon, enserré dans le mur par trois griffes, a été tiré au XVIe siècle depuis l'un des bateaux de la flotte turque, commandée par le fameux Barberousse et qui assiégeait la ville en 1543. Comme le texte le précise, ce siège permit à une Niçoise, Catherine Ségurane (nom féminisé en Segurana comme cela se faisait à l'époque), de se distinguer : alors que l'envahisseur donnait l'assaut contre la ville le 15 août, l'héroïque Niçoise, lavandière de son état, lessiva d'un coup de battoir l'enseigne turc qui en lâcha son drapeau. On dit que c'est en soulevant son jupon et en révélant aux ennemis sa « nature » qu'elle provoqua le repli précipité des assaillants. Depuis, chaque année au plus près du 8 septembre (fête de Catarina Segurana), ainsi qu'au 25 décembre, Nice rend hommage à son héroïne.

À cette époque, Nice et la Savoie faisaient partie de l'immense empire de Charles-Quint. Après la prise de Milan par ce dernier, François Ier réagit et attaqua la Savoie dont le duc, Charles III, quitta Turin et se réfugia à Nice avec sa femme, son fils et le saint suaire. Les Français s'étant alliés aux Turcs, c'est tout naturellement que Barberousse se retrouva à assiéger la ville…

La résistance de la population, dont Catherine Ségurane sera le symbole, mais aussi la solidité des remparts du château sauveront la ville. Le 8 septembre, l'arrivée d'une armée levée par Charles III provoquera le retrait de la flotte turque qui passera l'hiver à Toulon. L'assaut repoussé du 15 août et la libération de la ville le 8 septembre revêtirent un caractère miraculeux, d'autant plus que ces dates correspondent à deux fêtes de la Sainte Vierge. Ne dit-on pas d'ailleurs qu'elle apparut dans le ciel de la ville et qu'elle l'enveloppa de son manteau pour la protéger des boulets turcs… ?

(*) Le nissart n'est pas un patois mais une langue issue de la langue d'Oc originelle du Moyen Âge. Elle a, au même titre que le provençal, une grammaire, un dictionnaire et elle est enseignée à l'école (option au Bac) et à l'université.

D'autres boulets de canon se retrouvent dans Nice. Trois sont très visibles, place Garibaldi, sur la façade de la chapelle du Très-Saint-Sépulcre-des-Pénitents-Bleus.

À VOIR AUX ALENTOURS ❷

L'église Saint-Martin-Saint-Augustin (place Saint-Augustin) conserve, à gauche du chœur, une curieuse plaque de marbre médiévale (1444), datant de l'ancienne église. Elle se trouvait dans la chapelle des tailleurs et représente une Vierge à l'Enfant entourée d'une dédicace en caractères gothiques. Le plus étonnant reste l'une des premières représentations datées et connues de ciseaux modernes, qui se trouve en bas à gauche.

LES ILOTS DE LA VIEILLE VILLE

❸

Le Vieux-Nice

> *Quand les adresses se faisaient par pâtés de maisons*

Dans l'ancienne organisation « postale » de la vieille ville de Nice, les rues ne portaient pas de nom. Les pâtés de maison, appelés îlots, étaient dédiés à un saint. Ainsi habitait-on îlot Saint-Pierre ou Sainte-Anne. Il reste aujourd'hui encore quelques rares témoins de cette époque. À l'angle des rues Alexandre-Mari et Raoul-Bosio, par exemple, un médaillon présentant saint François de Paule muni de son bâton annonce l'ancien îlot qui lui était dédié. Né dans le village de Paule en Calabre (Italie) en 1416, celui-ci fonda l'ordre des Minimes.

À l'angle des rues de la Poissonnerie et Barilleri, on peut également voir l'inscription « S Maria Madalena » gravée dans la pierre qui signale nettement l'ancien îlot de sainte Marie-Madeleine.

À VOIR AUX ALENTOURS

❹

À l'intérieur des galeries des Ponchettes et de la Marine, lieux d'exposition de la ville, les colonnes de pierre sont curieusement numérotées. Elles marquent les emplacements de l'ancien marché aux poissons qui jadis se tenait en ces lieux.

Au bord du quai des États-Unis, sur la plage, un treuil demeuré là on ne sait par quel miracle, rappelle que les pêcheurs tiraient leurs barques sur le rivage au moyen de cet outil.

LA PORTE DES PENDUS

❺

Cours Saleya

Sur le fronton de l'une des portes reliant le cours Saleya à la rue des Ponchettes, une inscription latine a fait surnommer à tort ce passage « la porte des pendus ». On y lit ceci : « Opt. Regi Carolo felici adventanti Nicaeenses portam et corda pandunt ». Si les deux derniers mots du texte évoquent les termes corde et pendaison, il s'agit en réalité d'un message de bienvenue qui se traduit ainsi : « En hommage au passage du bon roi Charles-Félix, les Niçois ouvrent leur cœur et leur porte ». Ce texte rappelle ainsi la visite du roi de Sardaigne, Nice ayant été sous emprise sarde de 1814 à 1860. Mais si la porte reçoit aujourd'hui le sinistre nom de « pendus », cela n'est néanmoins pas sans rapport avec la mémoire collective niçoise. De 1792 à 1814, après l'invasion du Comté de Nice par l'armée française, des rebelles, connus sous le nom des « Barbets » (*), prirent les armes contre l'occupant et tinrent tête aux Français. La répression fut impitoyable et nombre d'entre eux furent pendus ou fusillés sans procès. Le Saut des Français, site proche de Duranus, porte ce nom en souvenir de cette période de trouble et d'exécutions sommaires.

(*) Le nom de « Barbets » était auparavant un nom injurieux donné aux XVIe et XVIIe siècles aux Vaudois du Dauphiné, en raison de leur longue barbe.

2

9

SPES MEA DEV

LA CLIMATISATION CACHÉE DE LA VIEILLE VILLE

6

> ***Grilles, escaliers, courettes, volets n'ont pas qu'une vocation décorative***

Grilles, escaliers, courettes et volets de la vieille ville de Nice n'ont, contrairement aux apparences, pas qu'une vocation décorative : ils sont de fabuleux accessoires de la climatisation passive du quartier. L'été, en se promenant dans ce vieux quartier, on est en effet surpris d'être préservé de la canicule régnant sur le reste de la ville.

Ceci s'explique d'abord par le fait que le quartier ait été construit en tenant compte des sources de fraîcheur alentour : la rivière du Paillon (aujourd'hui recouverte), la mer et la colline du Château. Les axes des rues ont donc été orientés en direction de ces points d'apport d'air frais, créant ainsi un courant d'air qui circule dans les ruelles, traverse les habitations (nous verrons comment plus bas) et s'évacue par les toits.

Ensuite, les ouvertures ornées de grilles en fer forgé, situées sur la plupart des hauts de portes et munies de barreaux pour la sécurité, sont en fait des appels d'air. En outre, les corridors ont très souvent un plafond voûté qui laisse cheminer l'air plus frais vers l'escalier. Cet air est également capté par l'inclinaison précisément calculée des déflecteurs des volets niçois si typiques : l'angle permet de s'adapter à l'intensité et au sens du courant d'air. L'air capté va alors traverser les pièces communicantes du logement et ressortir par les courettes intérieures qui font appel d'air. Dernier détail, les portes de communication entre les pièces sont articulées par des charnières asymétriques, ce qui permet de laisser les portes ouvertes sans que le courant d'air ne les fasse claquer. On peut en voir un bel exemple au deuxième étage du palais Lascaris édifié par la famille Lascaris-Vintimille. Classé monument historique, c'est aujourd'hui un musée appartenant à la Ville de Nice.

LA VÉRITABLE HISTOIRE DE LA PORTE FAUSSE

Passage entre la rue de la Boucherie et le boulevard Jean-Jaurès

À l'instar des Lyonnais qui empruntent les traboules (passages privés ou couloirs d'immeubles), notables raccourcis entre deux rues, les Niçois avaient pris l'habitude d'utiliser la porte d'un immeuble donnant d'un côté sur les bords du Paillon (la rivière couverte) et de l'autre sur la rue de la Boucherie au cœur de la vieille ville. Après la guerre, la municipalité régularisa la situation en transformant cette porte en un véritable passage, haut et large. Son appellation, insolite et clandestine à l'époque, est à présent gravée au vu et au su de tous sur une des colonnes : « porte fausse »...

LE CULTE DE SAINTE RITA

7

L'église de l'Annonciation
1, rue de la Poissonnerie
•Horaires : de 7h à 12h et de 14h30 à 18h30

La sainte des causes désespérées

Paroisse dédiée à Saint-Jacques-le-Majeur (San-Giaume pour les Niçois) depuis le Moyen Âge, l'église de l'Annonciation a été reconstruite deux fois : au XVIIe siècle, sur l'édifice religieux qu'elle remplaçait puis, après l'incendie de 1834. Si elle est officiellement dénommée église de l'Annonciation, les Niçois la connaissent principalement sous le nom de Sainte Rita dont le culte est vénéré dans la première chapelle à gauche et, surtout, dans la sacristie.

Sainte des causes désespérées, sainte Rita est représentée avec un clou dans le front perlé de sang. Même si l'on est averti, le ballet incessant des femmes, qui viennent ici souvent par deux, étonne. Feuilletez notamment le cahier à disposition des visiteurs, celui-ci comporte des demandes surréalistes, improbables et souvent émouvantes.

SAINTE RITA

Contemporaine de Jeanne d'Arc, née en 1381 à Roccaporena en Ombrie (Italie), Margarita Mancini (Rita est le diminutif de son prénom) se fit remarquer dès sa petite enfance par ce qui fut interprété comme un miracle : un essaim d'abeilles rentra en effet dans sa bouche ouverte sans lui faire aucun mal.

Mariée selon la volonté parentale, elle perdit son époux et ses deux fils frappés de mort violente. Elle se consacra alors à ce qui était depuis toujours sa vocation : l'amour du Christ. Malgré son statut de veuve qui l'empêchait de postuler pour le couvent, elle y fut conviée par les Sœurs Augustines. Tout ce qu'on lui demandait se réalisant, sa réputation se fit grandissante et elle devint rapidement l'avocate des causes désespérées et des guérisons de la petite vérole. Alors qu'elle priait dans l'église, une épine de la couronne du Christ se détacha et vint se ficher sur son front. Une odeur pestilentielle s'échappa de sa plaie purulente et on l'isola dans une cellule où elle mourut en retrouvant un visage d'une beauté surnaturelle tandis qu'une odeur de rose se répandait dans le couvent. Son corps embaumé repose dans un état de conservation parfaite à Cascia, à côté de son village natal.

À Paris, deux églises portent son nom, notamment une dans le quinzième arrondissement où ont lieu deux fois par an de très étonnantes messes de bénédiction des animaux (voir le guide *Paris méconnu* chez le même éditeur).

LE TOMBEAU D'EMIL JELLINEK : UN TOMBEAU DE MARQUE

8

Cimetière du Château
Allée François-Aragon

La marque Mercedes doit son existence à une fillette de 11 ans...

Une surprise attend ceux qui ont le courage de gravir les escaliers qui mènent au Château et au cimetière principal de Nice. Un panorama extraordinaire permet d'embrasser les Alpes, la baie des Anges et la promenade des Anglais. Le cimetière du Château reçoit au quotidien un très grand nombre de visiteurs transalpins qui viennent se recueillir sur la tombe de Garibaldi, même si ce dernier n'y repose plus depuis longtemps. L'épitaphe est incontournable : « À la mémoire impérissable du plus illustre Niçois ». On y trouve aussi les tombes de Léon Gambetta et de Gaston Leroux, le père de Rouletabille.

Le mausolée le plus insolite reste cependant celui d'Emil Jellinek (sur le plus haut plateau du cimetière) : une plaque posée devant le tombeau explique : « Il a brillamment contribué au développement de ce nouveau moyen de transport. Son patronyme est intimement lié au nom de Daimler-Benz AG. En 1901, il a donné le prénom de sa fille Mercedes aux produits de la Daimler Motoren Gessellschaft ».

Emil Jellinek, consul de l'empire austro-hongrois et homme d'affaires fortuné habitant à Nice, est un client fidèle de Daimler, précurseur de l'automobile. Passionné du volant, il organise plusieurs courses dans la région de Nice auxquelles il participe. Témoin d'un tragique accident au cours du rallye Nice-La Turbie (voir page 66), il demande à Gottlieb Daimler de respecter un cahier des charges qu'il a lui-même rédigé, améliorant la sécurité et abaissant le centre de gravité de la voiture. Il acceptera de participer financièrement à l'élaboration de ce véhicule à la condition que celui-ci porte le prénom de sa fille âgée de onze ans : Mercedes.

Le 21 mars 1899, à l'occasion du rallye Nice-Magagnosc-Nice, Jellinek mise sur sa Daimler qui prend pour la première fois le départ avec la marque de Mercedes. Deux ans plus tard, c'est l'ensemble de la gamme Daimler qui adopte cette appellation. En empruntant le prénom de sa fille, il venait de signer sans le savoir l'acte de naissance d'une marque automobile de réputation internationale.

Pendant longtemps le tombeau a été laissé à l'abandon et l'on dit que la marque à l'étoile à trois branches a été interpellée récemment pour restaurer le souvenir de celui à qui elle doit tant.

À VOIR AUX ALENTOURS

9

Face à la tombe Jellinek, se diriger vers la gauche jusqu'à la tombe Gastaud qui est soulevée par en dessous par les deux mains de son occupant…

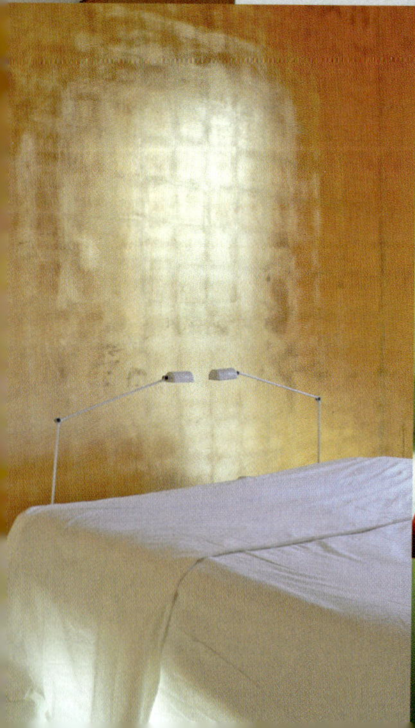

L'HÔTEL WINDSOR

10

11, rue Dalpozzo • Tél. : 04 93 88 59 35 • www.hotelwindsornice.com
• Mail : contact@hotelwindsornice.com
• Tarifs de 80 € à 165 €

Chaque chambre est une œuvre d'art

Oeuvres d'art uniques, les chambres de l'hôtel Windsor ont été confiées chacune à un artiste qui a pu concevoir l'espace et sa fonctionnalité dans sa totalité. Ainsi Parmigianni a-t-il réalisé un cube en or contenant un lit blanc et dépouillé. C'est « la chambre préférée des journalistes » en ce sens que c'est la plus spectaculaire. La chambre créée par Ben ou celle de Joël Ducorroy brillent par leur humour et leurs clins d'œil. Palestine Charlemagne, Jean-Pierre Bertrand, Philippe Perrin, François Morelet, Glenn Baxter et bien d'autres ont ainsi laissé libre cours à leur imagination. La chambre 238, conçue par Varini, a une particularité : le trait rouge qui parcourt la chambre, l'entrée et la salle de bains ne prend sa cohérence graphique que depuis un seul point bien précis de la chambre. Prévoir un petit temps d'exploration pour le découvrir…

AUTRES HÔTELS ET BARS INSOLITES (MAIS PAS TOUS SECRETS) À NICE

CHAMBRES AVEC VUE : HÔTEL ACANTHE
2, rue Chauvain Tél. : 04 93 62 22 44 www.hotel-acanthe-nice.cote.azur.fr
Tarif des rotondes : de 53 € à 61 € selon la saison. Petit déjeuner : 4 €

Situé en plein cœur de la ville, cet hôtel, une étoile, est construit sur un « sifflet » (un angle aigu qui rend le bâtiment très étroit au point qu'il se termine en pointe) : l'angle, aménagé en rotonde, abrite quatre chambres originales qui offrent un panorama exceptionnel sur la ville. Un rapport qualité-prix difficilement égalable à Nice.

HI-HÔTEL (photo en bas à droite)
3, avenue des Fleurs Tél. : 04 97 07 26 26 www.hi-hotel.net
Tarifs de l'hôtel : de 145 € à 350 € la nuit

Designé par Matali Crasset, une ancienne collaboratrice de Philippe Starck, l'hôtel Hi (38 chambres) est devenu un haut lieu du design sur la Côte d'Azur. Sa cantine est une bonne adresse de Nice.

LE WATER BAR
10, rue de la Loge Tél. : 04 93 62 56 50
Ouvert de 18h à 0h30 en hiver et de 12h à 0h30 en été. Fermé le lundi

Dans la même veine que Colette à Paris, le Water Bar propose une gamme extrêmement vaste d'eaux minérales du monde entier.

BRASSERIE FLO
4, rue Sacha-Guitry Tél. : 04 93 13 38 38 www.flonice.com
• Formules de 18,90 € à 28,90 €

Malgré sa spectaculaire salle à manger installée au parterre de l'ancien caf'conc' de Nice et son appartenance au célèbre groupe éponyme, la Brasserie Flo de Nice ne figure que rarement dans les guides sur la région. Inaugurée en 1897 et devenue plus tard casino à l'enseigne des Folies Bergères, la brasserie propose une cuisine standard, de qualité mais sans surprise.

LE BUSSOPHONE DE LA BIBLIOTHÈQUE LOUIS-NUCERA

11

Bibliothèque Louis-Nucera
2, place Yves-Klein Tél. : 04 97 13 48 00
Mail : info@bmvr-nice.com www.bmvr-nice.com.fr
Ouvert mardi et mercredi de 10h à 19h, jeudi et vendredi de 14h à 19h, samedi de 10h à 18h Juillet et août du mardi au samedi de 13h à 18h

Le cousin du juke-box

L'architecture des locaux administratifs de la bibliothèque municipale à vocation régionale de Nice est tout à fait insolite. Logés dans la « tête carrée » de Sacha Sosno – un cube posé sur un cou humain – ils sont de proportion assez gigantesque. Juste à côté, se trouve la bibliothèque Louis-Nucera, le principal établissement de consultation de la ville.

Dans la section discothèque se trouve un modèle historique, appelé « bussophone ». Créé en 1920 et électrifié en 1932, ce cousin du juke-box a été conçu par Michel Bussoz (1872-1958), d'où le nom de l'appareil. Fonctionnant à l'origine avec 20 disques 78 tours, l'appareil était certes automatique mais à « propulsion » mécanique. On obtenait la diffusion d'un disque en insérant dans la fente un jeton dit « jeton Bussoz », portant la mention « 25 centimes à consommer » (ou 30 avec l'inflation). Devenus objets de collection, ces jetons percés affichent un cœur ou un trèfle.

© Merci à Stéphane Bidault - www.jetons-monnaie.net

LE JUKE-BOX

Le premier juke-box à avoir fonctionné a été installé à San Francisco en 1889 par Louis Glass et son associé William S. Arnold. Il s'agissait déjà d'un phonographe à pièces qui leur rapportera plus de 1 000 $ dans les six premiers mois d'exploitation. Mais c'est la famille Wurlitzer qui, en 1933, développera réellement le concept avec le modèle P10 et obtiendra 60 % du marché américain. Après la Seconde Guerre mondiale, c'est l'explosion du marché en Europe avec l'arrivée simultanée de la musique made in USA. Entre 1946 et 1947, Wurlitzer vendra plus de 56 000 appareils dans le monde.

LE SIÈGE DE LA SOCIÉTÉ GÉNÉRALE DE NICE

12

8, avenue Jean-Médecin

> **Le casse du siècle**

Imposant bâtiment situé au tout début de l'avenue Jean-Médecin, juste après la place Masséna, le siège de la Société Générale est célèbre pour avoir été l'objet de ce que l'on a longtemps appelé « le casse du siècle ».

Albert Spaggiari, cerveau de ce vol sans précédent, s'est inspiré d'un roman policier de Robert Pollock, *Tous à l'égout*, et n'eut de cesse de vouloir transformer la fiction en réalité. Trouver le boyau menant sous la banque nécessita des jours de repérage dans les égouts de Nice. Il fallut ensuite recruter une équipe de spécialistes et enfin, abattre un travail surhumain pour circuler dans ces conduits envahis de déchets et de rats, transporter le matériel et creuser un tunnel de 8 mètres de long qui débouchait dans la salle des coffres. Le week-end des 17 et 18 juillet 1976, l'équipe pénétra dans la salle et commença à faire sauter les portes des coffres. Des lingots, des louis d'or, des objets d'art, des photos pornographiques, des documents compromettants et, cerise sur le gâteau, des sacs remplis de billets tombant du ciel (les recettes en espèces déposées pendant le week-end par les commerçants clients de la banque). Surpris par la montée des eaux dans les égouts, les malfaiteurs durent abréger leur labeur et abandonnèrent les lieux.

Ils n'ouvrirent « que » 317 coffres sur les 4 100 que contenait la salle et leur butin se chiffra à plus de 50 millions de francs de l'époque. La police ne trouvera aucune trace si ce n'est le matériel laissé sur place, la batterie de cuisine de leur cantinière et ce mot sur un papier collé à un coffre : « Sans arme, sans violence et sans haine. »

Albert Spaggiari sera finalement arrêté par la police, mais réussira à s'enfuir par la fenêtre du cabinet du juge d'instruction au premier étage du palais de justice de Nice. Il vivra en cavale toute sa vie et décèdera en 1989 des suites d'un cancer à l'âge de 57 ans.

À VOIR AUX ALENTOURS

L'IMMEUBLE MORABITO – UN IMMEUBLE SANS PORTE D'ENTRÉE

13

13, avenue Jean-Médecin

En face de la Société Générale, un immeuble en sifflet (avec un angle aigu) ne se remarque que lorsque l'on se place de façon à regarder son arête. L'immeuble semble ne pas avoir de porte d'entrée : l'accès se fait en réalité par un escalier qui se trouve dans la cafétéria au rez-de-chaussée, même s'il existe également un accès depuis l'immeuble voisin pour l'un des étages. Oeuvre de l'architecte Guilgot, cet immeuble élégant et étrange a été construit en 1953.

И МЕДЪ НЕ ХВАЛЯ А ВСЕМЪ ГОЛОВА ЧТО ЛЮБОВЬ

L'ISBA DU PARC VALROSE

14

Faculté des sciences
Parc Valrose
Officiellement, l'entrée de la faculté est réservée aux étudiants et il faut obtenir une autorisation pour entrer dans le parc et voir l'isba [de l'extérieur seulement] : faire une demande auprès de la direction de la faculté au moins un mois à l'avance à l'adresse ci-dessus ou par mail : direction-sciences@unice.fr.

« Une isba dans le campus

Classée monument historique en 1991, l'authentique isba du parc Valrose se découvre en entrant dans le campus de la faculté des sciences par la majestueuse entrée du boulevard Prince-de-Galles (prendre le petit escalier et le souterrain en rocailles qui descend et aller vers la gauche jusqu'au pavillon des sciences naturelles. L'isba se trouve juste derrière ce bâtiment).

Son histoire est étonnante : modeste professeur de piano, le baron Von Derwies est initié à la spéculation par l'un de ses élèves. Son ascension est alors fulgurante. Banquier et propriétaire de lignes de chemins de fer (le futur transsibérien), il amasse une fortune considérable. En 1866, à 45 ans, il décide de se retirer des affaires pour s'occuper de sa vie… C'est ainsi qu'il achète le domaine de Valrose où il fera construire château, parc, fausses ruines et où il se consacrera à sa principale passion, la musique.

Point d'orgue (!) de son domaine, l'isba fut démontée dans l'une des propriétés que le baron possède près de Kiev, en Ukraine, et remontée dans le parc avec tous ses accessoires d'origine, de la poignée de porte aux clous. Sur certaines frises, on retrouve des proverbes (en alphabet cyrillique) : « Bière n'est point nectar, hydromel point ambroisie quand l'amour en douceur les surpasse »… N'est-ce pas ce que pensait le baron quand il tentait de faire les honneurs de l'isba à ses visiteuses ?

L'isba, qui jadis servait de foyer aux enseignants, ne se visite aujourd'hui que de l'extérieur.

LE CANON DE MIDI

Depuis 1860, tous les jours à midi précis, le canon tonne à Nice. Cette initiative vient de Sir Thomas Coventry More, un résident écossais qui voulait ainsi annoncer l'heure à son épouse plutôt laxiste quant aux horaires du déjeuner. C'est en fait un artificier qui, du haut de la colline du château, lance un « marron » de 75, ce classique des feux d'artifice qui ne fait que du bruit.
Si tous les Niçois connaissent évidemment l'histoire, nombreux sont les touristes à être assez surpris le moment venu…

LA PREMIÈRE COURSE DE CÔTE AU MONDE 15

Boulevard Bischoffsheim

Le virage mortel de la Grande Corniche

Au tout début de la route de la Grande Corniche ou boulevard Bischoffsheim (du nom du fondateur de l'observatoire de Nice situé sur cette route), sur la gauche en montant, une borne commémorative rappelle que c'est de là que s'élançaient les bolides qui allaient s'affronter pour la première course de côte au monde entre Nice et La Turbie.

La première édition de cette course automobile eut lieu le 31 juillet 1897 et fut remportée par André Michelin dans la catégorie voiture sur un break à vapeur, chaussé de pneumatiques... Michelin. Six tricycles de Dion Bouton se classèrent dans les sept premiers de la catégorie motocycle.

Quelques mètres plus haut, juste après la première courbe, sur le côté droit du boulevard Bischoffsheim, se succèdent deux plaques à la mémoire des deux victimes du premier virage de cette course automobile. Il s'agit de Wilhem Bauer mortellement accidenté le 30 mars 1900 au volant d'une Daimler Phoenix, sous les yeux d'Emil Jellinek (voir page 59) qui en profitera pour demander à Daimler d'améliorer la tenue de route de ses voitures. L'autre plaque commémorative rend hommage à Elliott Zborowski qui décéda tragiquement le 1er avril 1903.

LIEU DE NAISSANCE D'ANSALDI

16

31, boulevard Riquier

"*La véritable vie de S.A.S. le prince Louis-Eugène Alexandre d'Ansaldi*

À l'angle du boulevard Riquier et du boulevard Delfino, au numéro 31 du boulevard Riquier, une plaque sur le pilier droit du portail n'attire pas l'attention. Le lierre la recouvre en partie et l'inscription s'estompe. On y lit néanmoins : « Ansaldi est né dans cette maison le 6 avril 1908. »

L'enquête pour savoir qui est cet Ansaldi est difficile, et pour cause : il a lui-même inventé de toutes pièces sa biographie princière… ce qui lui permit de réussir quelques beaux canulars non seulement en France mais aussi à l'étranger.

La biographie qu'il s'était inventé le faisait descendre du roi Victor-Emmanuel II, roi d'Italie, et d'une certaine Madame Ansaldi, belle femme niçoise, qui aurait été mise enceinte à la suite d'une brève rencontre royale… Ne voulant évidemment pas reconnaître cet enfant, le roi anoblit le mari de la dame afin de la dédommager. C'est ainsi que l'Ansaldi de la plaque se prétendait petit-fils de S.A.S. le prince André d'Ansaldi et fils de S.A.S. le prince Benoît.

Lui-même, se faisant appeler S.A.S. le prince Louis-Eugène Alexandre d'Ansaldi, créa une fondation à son nom, l'œuvre nationale du Théâtre à l'hôpital, simple association d'amis qui devint plus tard l'académie Ansaldi de Paris, institution internationale fondée en 1933, reconnue d'utilité publique et honorée d'un prix par le président de la République en 1947.

C'est au nom de cette notoriété inventée qu'Ansaldi obtint que des rues portent son nom, et ce, dans plusieurs pays ! Il publia des documents à sa gloire et fit émettre des timbres à son effigie.

Quant à la plaque du boulevard Riquier, c'est tout simplement lui qui l'aurait posée.

LA CROIX SÉRAPHIQUE* DE CIMIEZ

17

Place du monastère de Cimiez

> *Une très rare représentation du Christ*

Sur la place du monastère de Cimiez, une colonne de marbre torse est surmontée d'un crucifix. Les visiteurs les plus attentifs remarqueront que ce Christ n'est pas tout à fait conforme à l'imagerie traditionnelle : c'est en effet un séraphin crucifié (voir encadré ci-dessous), représenté, selon la vision qu'eut saint François d'Assise sur le mont Alverne en Toscane, au moment où il reçut les stigmates de la Passion. Auparavant ce monument se trouvait d'ailleurs dans le premier couvent franciscain construit en 1250 dans le Vieux-Nice, place Saint-François.

Saint François apparaît sur la droite de la croix, saint Louis de Toulouse étant placé à gauche. Au sommet, un pélican ouvrant ses entrailles pour nourrir ses petits, symbolise le sacrifice du Christ pour sauver les hommes. Enfin, sous la croix, se trouvent les armes (trois sardines) de la famille Sardina qui participa au rétablissement de la croix en 1804 : en 1793, à la Révolution, la croix fut abattue et ses morceaux furent recueillis et cachés par un particulier jusqu'au concordat de 1801.

Cette croix, comme l'indique l'inscription, a été sculptée en 1477 sur commande du frère franciscain Louis Terrini pour veiller sur le cimetière des membres de la congrégation. En 1979, suite à un acte de vandalisme, la croix originale fut placée à l'intérieur de l'église, dans la première chapelle latérale gauche. La croix qui se trouve aujourd'hui à l'extérieur n'est autre qu'un moulage.

(*) Selon le service du Patrimoine de la Ville de Nice. L'autre représentation d'un séraphin en croix se trouve dans la chapelle du Villaret à Montgirod (Savoie). Il s'agit du sommet d'un retable daté de 1673 et attribué à Gualla. Il montre un personnage barbu et chevelu dont les membres sont remplacés par trois paires d'ailes. Pour plus de détails voir : www.sabaudia.org/v2/dossiers/baroque/18.htm.

ANGES, ARCHANGES ET SÉRAPHINS

La tradition chrétienne s'appuyant sur Denis l'Aréopagite (IVe siècle) regroupe les anges en neuf chœurs avec chacun leur ministère : les séraphins (la Charité), les chérubins (la Vérité), les trônes (l'Humilité), les souverainetés (la Puissance), les vertus (la Force), les puissances (la Persévérance), les principautés (l'Obéissance), les archanges (les «chefs » des anges) et les anges (les messagers de Dieu).

Dans la Bible, les Séraphins (de l'hébreu « les brûlants ») sont décrits par Isaïe avec trois paires d'ailes : une pour se voiler la face, une pour voler et une qu'ils étendent sur leurs pieds. Ils entourent le trône de Dieu et chantent ses louanges. Ils possèdent également le pouvoir d'élever leurs inférieurs et sont appelés les « brûleurs » de péché. Chaque séraphin est en relation avec l'un des sept péchés capitaux qu'il peut nous aider à consumer.

Selon la Bible, il y aurait sept archanges. Trois sont officiellement connus : Michel (qui chassa le démon dans l'Apocalypse), Raphaël (envoyé par Dieu pour guérir la cécité du père de Tobie et l'aider à rencontrer Sarah afin d'assurer la descendance d'Abraham ; c'est lui qui indique à Tobie l'existence des sept archanges) et Gabriel (qui annonce à Marie qu'elle sera la mère du Fils de Dieu).

L'ABBAYE DE SAINT-PONS

18

Chemin de l'Abbaye-de-Saint-Pons
Église ouverte en journée

> **Enclavée derrière l'hôpital Pasteur, l'église Saint-Pons a été peu à peu oubliée...**

Très peu visitée par les touristes, l'église Saint-Pons est un bijou qui constituait dans le temps avec son couvent, l'un des plus beaux ensembles baroques de Nice.

Préfet de Rome, Pons se convertit au christianisme et vint se réfugier à Cemenelum (*) lorsque l'empereur Valérien déclencha une grande vague de persécution contre les Chrétiens. Il y sera décapité vers 253 ap. J.-C. Les reliques du saint sont conservées dans l'église et sont présentées aux fidèles le jour de sa fête, le 14 mai.

Fondée vers le VIIIe siècle, l'abbaye de Saint-Pons connut au Moyen Âge un grand rayonnement sur la région. Le déclin de l'abbaye commença au XVIe siècle et la construction en trois tranches de l'hôpital Pasteur au XXe siècle contribua à isoler l'église, ses bâtiments conventuels ayant été absorbés par les services psychiatriques de l'établissement de soins.

Reconstruite en 1724, l'église a perdu aujourd'hui l'un de ses deux clochers symétriques d'origine. La grande particularité de la façade de l'église est ce « préau », ouvert par une suite d'arcs en plein cintre, au-dessus duquel une terrasse permettait la circulation avec le couvent.

À l'intérieur, on retrouve les volumes galbés qui font la particularité des églises baroques de Nice et de sa région.

(*) Cemenelum est le nom latin de Cimiez, ville romaine aujourd'hui enclavée dans le grand Nice. On y visite des vestiges nombreux dont les plus connus sont les arènes ainsi qu'un musée remarquable.

À VOIR AUX ALENTOURS

LES ÉTONNANTES DÉAMBULATIONS DU MONUMENT AUX MORTS DE CIMIEZ

19

Sur la même place du monastère s'élève le monument aux morts de Cimiez composé d'une stèle en marbre et d'une sculpture en bronze de Michel de Tarnowsky (1870-1946). Haute d'un mètre, pesant près de 300 kilos, elle représente un glaive brisé et un casque surmonté du coq gaulois terrassant l'aigle prussien. La présence de ce bronze aujourd'hui tient du miracle : en 1940, la sculpture fut immergée en mer pour la soustraire à l'occupant qui voulait la fondre pour en récupérer le métal et qui souhaitait faire disparaître cette image qui ne le valorisait pas. Elle reprit sa place après la guerre, mais, en 1989, elle fut volée et proposée à la vente au marché à la brocante du cours Saleya en plein centre de Nice. C'est le maire de Nice lui-même qui, arpentant le marché, la reconnut et obtint qu'on la restitue à la ville. L'œuvre originale est à présent conservée en sécurité et, sur la place du monastère, à l'instar de la croix séraphique, c'est une copie que l'on peut contempler...

(Source : revue Lou Sourgentin, numéro 122)

LE CIMETIÈRE RUSSE

20

Avenue Sainte-Marguerite Tél. : 04 93 83 94 08

Ouvert le mardi de 14h à 17h, le mercredi et jeudi de 9h à 12h et de 14h à 17h, le vendredi et samedi de 9h à 12h et de 14h à 18h, le dimanche de 14h à 18h

Accès : l'avenue Sainte-Marguerite s'élargit pour devenir la place Caucade où se trouve l'entrée du cimetière. Laisser le véhicule dans les parages. Prendre à pied l'impasse en face signalée par un petit panneau : « Cimetière russe ».

> **"La tombe de Katia, maîtresse du tsar Alexandre II**

Installé sur une pente douce dominant la mer, le cimetière russe de Nice est un lieu magnifique où seul le passage des avions du deuxième aéroport de France vient perturber la sérénité ambiante. Le couple de gardiens arrivés depuis peu ne maîtrisent pas encore parfaitement la langue française, mais c'est de bonne grâce qu'ils vous remettront un document historique ainsi qu'un plan détaillé vous permettant de trouver la tombe de la princesse Catherine Yourevski. Plus connue sous le prénom de Katia, sa vie a donné lieu à plusieurs romans dont *Katia, le démon bleu du Tsar Alexandre de la princesse Bibesco*, adapté à l'écran en 1959 par Robert Siodmak et interprété par Romy Schneider et Curd Jurgens dans le rôle du souverain.

Le tsar Alexandre II s'éprit de cette jeune fille pauvre au cours de la visite d'un institut scolaire pour les enfants de la noblesse déchue. Mais la rumeur de leur passion clandestine s'ébruita et le tsar accepta que Katia soit éloignée de lui. Il la retrouva en France lors d'une visite officielle à Napoléon III et celle-ci devint alors sa maîtresse en titre. Usée par la maladie et le chagrin, l'impératrice décéda et Alexandre put alors épouser Katia. Peu de temps après, le souverain est victime d'un attentat et meurt dans les bras de son épouse morganatique (*).

La princesse quitta alors la Russie qu'elle avait regagnée après son mariage pour s'installer à Nice, dans la Villa Georges (aujourd'hui détruite), boulevard Dubouchage. Elle fréquenta le château Valrose et l'isba de son ami Paul Georgevitch Von Derwies (voir l'article sur l'isba du château Valrose page 65).

(*) Terme qui s'applique à une femme ayant épousé une personne de rang supérieur et qui ne pourra pas prétendre à bénéficier de ses titres de noblesse.

LA PRÉSENCE RUSSE À NICE

Au XIXe siècle, l'aristocratie russe va choisir Nice comme lieu de résidence d'hiver. L'engouement pour les bains de mer en été finira d'asseoir la réputation de la ville et en fera le lieu de villégiature privilégié de la noblesse russe et de tous ceux qui auront les moyens d'échapper aux neiges septentrionales ou de venir soigner leur phtisie au bon air marin. La première chapelle orthodoxe de la rue Longchamp se révélera très vite trop exiguë et en 1905 débutera le chantier de la cathédrale Saint-Nicolas achevé en 1912. Enfin, la Révolution de 1917 précipitera l'exil des Russes blancs qui, nombreux, viendront se fixer à Nice.

Auron
Douans Pont-Rouge
Tête de l'Autaret
Col de la Lombarde
Mt Malinvern
REGION
Terme di Valdieri
Las Donnas
Vallée de la Tinée
Isola
Vallon de Chastillon
Isola 2000
Lac de Terre Rouge
Cma di Argentera
Roya
DU
Mt St-Sauveur
Mgne de l'Alp
Mt Mounier
MERCANTOUR
La Baumette
Le Boréon
Cascade
Péone
Roya
Col de la Couillole
Roubion
Roure
Valberg
Les Amignons
Les Launes
Beuil
St-Sauveur-sur-Tinée
Vallon de la Madonne de Fenestre
La Bolline
La Colmiane
St-Martin-Vésubie
St-Brès
Croix du Sapet
Gges supres du Cians
Rimplas
La Roche
St-Dalmas (Valdeblore)
Col St-Martin
Pic de Colmiane
Venanson
Berthemont-les-Bains
Lauvet d'Ilonse
Les Cluots
06
Ilonse
Rigons
Vésubie
Dôme de Barrot
Pierlas
Marie
Mt Tournairet
Granges-de-la-Brasque
Roquebillière-Vieux
Roquebillière
Col d'Andrion
Lieuche
Pointe des Quatre Cantons
Clans
Rigaud
Bairols
La Croix-sur-Roudoule
Auvare
Mt Mairole
Thiéry
Gges inf. du Cians
La Tour-s-Var
Brec d'Utelle
Pélasque
Puget-Rostang
Puget-Théniers
Touët-sur-Var
Tournefort
Massoins
Villars-sur-Var
Le Suquet
Utelle
Gges de la Mescla
Col de St-Raphaël
Var
La Penne
Ascros
Malaussène
St-Jean-la-Rivière
La Rochette
Défilé du Chaudan
Mt Vial
Toudon
La Madone d'Utelle
Belvre du Saut des-Français
St-Pierre
St-Antonin
Revest-les-Roches
Collongues
Cuébris
Duranus
Clue du Riolan
Pierrefeu
Tourette-du-Château
Gges de la Vésubie
Sigale
Roquesteron
Sallagriffon
Aiglun
Bonson
Levens
Roquesteron-Grasse
Les Ferres
Gilette
Plan-du-Var
Ste-Claire
La Roquette-sur-Var
Chaîne du Férion
Gréolières-les-Neiges
Conségudes
Bendejun
Montagne du Cheiron
Bouyon
St-Blaise
St-Antoine
Les Moulins
St-Martin-du-Var
Châteauneuf-Villevieille
Route des Crêtes
Le Broc
Bézaudun-les-Alpes
Castagniers
Tourrette-Levens
Gréolières
St Pons
Coursegoules
Mgne du Chiers
Carros-Village
Aspremont
Mt Chauve
Clue
Carros
Cipières
St-Barnabé
Gattières
Colomars
Falicon
Loup
Plateau de Calern
Baou de St-Jeannet
St-Jeannet
Col de la Sine
Col de Vence
St-André-de-la-Roche
Courmes
St-Roman-de-Bellet
St-Pancrace
Caussols
Gges du Loup
Cascade
Plan-du-Bois
Vence
Cimiez
Tourrettes-sur-Loup
La Gaude
St-Isidore
Plateau de Caussols
La Baronne
La Madeleine
Gourdon
St-Paul
Corniche du Var
St-Antoine
Col de Ferrier
Le Bar-sur-Loup
La Colle-sur-Loup
Magnan
St-Vallier-de-Thiey
St-Laurent-du-Var
NICE
Magagnosc
(Le Rouret)
Cagnes-s-Mer
St-Pons
GRASSE
(Roquefort-les-Pins)
St-Augustin
Châteauneuf-Grasse
Le Colombier
Cros-de-Cagnes
NICE CÔTE-D'AZUR
Opio
Le Plan
Cabris
Villeneuve-Loubet
Valbonne
Villeneuve-Loubet-Plage
Plascassier
Baie des Anges
Biot
Peymeinade
St-Jacques
Mouans-Sartoux
Sophia-Antipolis
Marineland
Moulin-Vieux
La Roquette
D 6202
D 2205
D 6007
D 2085
N 202
E 80

ARRIÈRE PAYS NIÇOIS

LA PIERRE DE COURSEGOULES

1

Mairie de Coursegoules
• 1, place de la Mairie 06140 Coursegoules
• Ouvert aux heures de bureau

Une écriture mystérieuse ou l'œuvre d'un plaisantin ?

En 1980, sous le talus d'un ancien chemin communal, près de la chapelle Saint-Michel, on découvrit une étrange pierre gravée dont on peut voir un moulage au secrétariat de la mairie de Coursegoules. Dessus, un texte sur sept lignes, qui semble incomplet, utilise 14 signes différents. Si l'on reconnaît des similitudes avec l'alphabet grec et l'écriture punique (carthaginoise), la langue est inconnue. L'affaire a été prise au sérieux et, malgré les recherches entreprises par les épigraphistes du CNRS, de l'École pratique des hautes études (Sorbonne) et de l'Académie des inscriptions et belles-lettres (Institut de France), le mystère demeure entier. Si certains ont trouvé cette écriture « intéressante », d'autres ont mis en doute son authenticité et l'ont plutôt qualifiée de « fantaisiste » !

À VOIR AUX ALENTOURS

EX-ECOLE FREINET

2

35, rue de l'Escaou
06140 Coursegoules

La curieuse façade de l'école Freinet de Coursegoules a été réalisée par les élèves.
Pour en savoir plus sur la méthode Freinet voir l'article sur Le Bar-sur-Loup, page 171.

L'EX-VOTO DE LA GRIPPE

3

Chemin des Granges
06140 Coursegoules

Un émouvant témoignage de l'épidémie de grippe

Après avoir franchi le pont sur la Cagne, au premier virage à droite en angle droit, le chemin des Granges mène, 30 mètres plus loin, à un mur de soutènement qui barre le chemin. Celui-ci abrite un curieux ex-voto qui a probablement servi ici de pierre de réemploi. Cet ex-voto semble être un remerciement pour avoir échappé à l'épidémie de grippe de 1837. Celle-ci, apparue en 1832, gagnera toute l'Europe et fera au moins 100 000 morts.

La plus meurtrière épidémie de grippe a été la grippe espagnole en 1918 qui fit 40 millions de morts, un chiffre sans comparaison avec la grippe asiatique de 1957 (4 millions de morts) et la grippe de Hong-Kong en 1968 (2 millions de morts).

À VOIR AUX ALENTOURS

LA MAISON DU PENDU

4

Montagne du Cheiron 06140 Coursegoules
Accès : depuis le village, emprunter le chemin qui est fléché vers la chapelle Saint-Michel

Au milieu du XIXe siècle vivait à Coursegoules un certain Monsieur France, célibataire solitaire, ouvrier agricole et cordonnier occasionnel du village. Un jour, il eut l'idée de se construire une maison sur les pentes désertes du Cheiron, la montagne au nord du village. Il choisit soigneusement l'emplacement, prit pour modèle une maison existante et se mit au travail. Pendant 20 ans, il monta le mauvais sentier qui l'amenait sur son chantier. Il était devenu maçon, tailleur de pierres, porteur et… propriétaire terrien.
Une fois la maison terminée, il entreprit de construire des restanques – tellement monumentales qu'elles sont aujourd'hui encore en état et nettement visibles depuis le village. Ce travail de Titan achevé, Monsieur France décida de monter en haut de la montagne pour admirer son ouvrage. Et là, devant le symbole de sa solitude, au milieu du désert des pentes du Cheiron, il comprit que tout cela était vain. Alors il retourna chez lui, prit une corde, et alla se pendre au tilleul qu'il avait planté là 20 ans auparavant.

LA CROIX DE LA PASSION

5

Rue Torrin-et-Grassi
06510 Gattières

> ***Les instruments du supplice du Christ***

Une croix de la passion est une croix qui présente, outre le crucifix, les instruments utilisés pour torturer puis exécuter le Christ. Datée de 1806, celle de Gattières, l'une des dernières de la Côte d'Azur, est en fer forgé. Située au sommet d'une colonne de pierre, cette croix tréflée présente nombre d'instruments : le calice ayant recueilli le sang du Christ (qui deviendra le Saint-Graal), la lance utilisée pour s'assurer de sa mort, l'échelle pour l'élever sur la croix, puis pour l'en descendre, l'éponge imprégnée de fiel et de vinaigre, deux verges utilisés pour la flagellation, le marteau et les tenailles qui servirent à planter et à arracher les clous, trois clous, la couronne d'épines et enfin, le panneau « INRI » abréviation de « Jésus de Nazareth, Roi des Juifs ».

S'ils sont absents sur la croix de Gattières, on retrouve parfois d'autres instruments sur les croix de la passion : la lanterne de Malchus qui permit de reconnaître le Christ dans le jardin des oliviers, le glaive avec lequel Pierre trancha l'oreille de Malchus, l'aiguière qui rappelle le lavement des mains de Ponce Pilate, le cœur symbole de l'amour du Christ pour sauver les hommes, les dés utilisés par les soldats pour tirer au sort la tunique du Christ, le soleil rappelant qu'il s'est voilé à la mort du Christ et enfin le coq qui évoque le triple reniement de l'apôtre Pierre.

Recherchées pour leur valeur sur le marché de l'art, les croix en fer forgé sont rares et sont souvent remplacées par des croix en fonte. Pour l'anecdote, ajoutons également que la petite croix en bois qui a donné son nom à la Croisette à Cannes n'existe plus…

MALCHUS

Serviteur du grand prêtre Caïphe, Malchus était sur le point d'arrêter Jésus, au jardin des Oliviers, lorsque Pierre lui coupa l'oreille droite d'un coup d'épée. Jésus le guérit aussitôt.

LA PIERRE TROUÉE

6

Route du Clot-de-Dué 06670 Saint-Martin-du-Var
• Accès : depuis le village de Saint-Martin-du-Var, prendre la nationale 202 vers Nice et tourner à gauche vers les Condamines et le quartier Saint-Joseph. Monter par la route des Condamines sur 1,7 kilomètres. Prendre à gauche la route des Maquisards sur 1,4 kilomètres. Au croisement, prendre à gauche la route de la Croix-de-Claude sur 600 mètres. Prendre à droite la route du Clot-de-Dué. À l'intersection vous êtes arrivé à la pierre.

« Un mystérieux mégalithe

Dressée au bord de la route, une curieuse pierre mesurant un peu plus d'un mètre de hauteur sur une quarantaine de centimètres est percée d'un trou parfaitement cylindrique de 20 centimètres de diamètre. Elle porte le nom de « pierre trouée » ou « peire pertuaù » en nissart. Aucune explication n'est parvenue jusqu'à nous.

À VOIR AUX ALENTOURS

L'ALLÉGORIE DE LA PAIX

7

Square Léo-Mauran 06670 Saint-Martin-du-Var

En 1957, la municipalité de Saint-Martin-du-Var commandait à Roland Brice, élève de Fernand Léger, une allégorie de la paix. Composée d'un panneau mural en céramique et d'un bassin en mosaïque, l'œuvre constitue aujourd'hui un véritable intrus dans ce village bien ordonné. Elle représente un visage d'enfant et une colombe réalisés dans des coloris auxquels la palette de Fernand Léger nous avait habitués.

L'ENSEIGNE DU MARÉCHAL-FERRANT VÉTÉRINAIRE

8

Place de la Forge 06910 Roquesteron
Rendez-vous pour visite : M. Gilles Passeron-Seybald Tél. : 04 93 05 94 60 ou 06 80 14 02 19
M. Alain Dalmasso Tél. : 06 80 30 57 30 Mail : alain02.dalmasso@wanadoo.fr

« Alziary Napoléon maréchal-ferrant vétérinaire praticien ». Cette merveilleuse enseigne, restaurée, était celle du maréchal-ferrant du village de Roquesteron. Après avoir ouvert sa forge à cette adresse en 1798, celui-ci obtint un certificat lui permettant d'exercer le métier de vétérinaire praticien. À l'intérieur, l'ensemble des outils et instruments de la forge, comme le soufflet et les marteaux, ont été conservés. En 1917, pour des raisons de sécurité, la forge a déménagé à l'extérieur du village. L'Association du Four à pain et du Pressoir (voir contacts ci-dessus) tente de sauvegarder le patrimoine du village et propose des visites commentées et gratuites de la forge, du four à pain, du pressoir, de l'ancienne boucherie, du moulin à huile et de l'échoppe du cordonnier.

LE CIPPE (*) DE ROQUESTERON

9

Rue de la Voie-Romaine 06910 Roquesteron

Encastrée en pierre de remplissage dans un mur de la rue de la Voie-Romaine, une dalle funéraire d'un mètre de hauteur porte les sigles d'un centurion (militaire romain commandant 100 soldats) et d'un décurion (10 soldats) ainsi qu'un poignard et un croissant.

(*) Un cippe est un monument funéraire signalant la présence d'une tombe et comportant une inscription.

MUSÉE DES MÉTIERS D'AUTREFOIS

10

3250, route de Gilette 06830 Gilette
• Tél. : 04 92 08 96 04 et 06 80 45 12 08
• Ouvert de mai à septembre de 9h à 19h, d'octobre à avril de 10h à 17h30
Entrée : 4 €

Le musée de l'homme à tout faire

Créé par Pierre-Guy Martelly, qui y fait régulièrement des démonstrations du métier de forgeron, l'étonnant musée des Métiers d'autrefois présente les outils et les instruments des professions disparues.

Selon les objets présentés, la réaction des visiteurs peut être très variable : les instruments du dentiste d'antan, par exemple, véritable collection d'objets de torture, permettront à certains d'apprécier les progrès indéniables de la chirurgie dentaire ou glaceront le sang des plus sensibles.

De façon très intéressante, le fondateur du musée a aussi recréé des ateliers à partir d'authentiques outils ou machines, comme en témoigne l'atelier de réparation automobile. Quelques pièces provenant de l'avion d'Auguste Maïcon sont également présentées. Cet aviateur est adulé par les habitants de la Côte d'Azur. Et pour cause : le 24 août 1919, celui-ci réussit l'exploit de passer sous l'arche du pont du Var, haute de 6 mètres, avec son avion mesurant 4 mètres de hauteur… Mieux encore, après avoir opéré un demi-tour, Maïcon renouvela sa performance. Il fut dès lors surnommé le « Lindbergh niçois ». À l'époque, l'événement, filmé et photographié, fit beaucoup de bruit et aujourd'hui les clichés de cet exploit sont exposés dans le musée.

Tout naturellement, c'est un avion posé sur un pré en pente qui signale aux passants l'entrée de ce musée incontournable.

LA PIERRE DU « BOUTAU »

11

Place de la Liberté
06670 Levens

> **"Nous sautons sur le ventre de Grimaldi !"**

Signalée par un panneau explicatif, une curieuse pierre émerge du sol, place de la Liberté. Après lecture, on comprend pourquoi la place s'appelle ainsi…

Au début du XVIIe siècle, Annibal Grimaldi, gouverneur de Nice, est soupçonné de trahison envers la Savoie. Après plusieurs péripéties, il sera condamné pour crime de lèse-majesté, de rébellion et de félonie, et condamné par contumace à la peine capitale. S'étant enfermé dans son château de Tourrettes-Revest, il sera étranglé par les forces savoyardes.

Les habitants de Levens, qui suivaient de près les événements, profitèrent de la situation pour se révolter. Leur seigneur, César Grimaldi, cousin d'Annibal, craignant de subir le sort de son parent, partit se mettre à l'abri dans son château de Cabris. Les Levenssois saisirent l'occasion pour investir le château de Levens, le démolirent et se déclarèrent alors commune libre. La commune fut même reconnue par le duc de Savoie, Charles-Emmanuel, qui donna à Levens le titre de « comtesse d'elle-même ».

Pour marquer cette victoire, les Levensois posèrent cette pierre, dite du « Boutau » (littéralement la pierre sur laquelle on saute) et la personnifièrent en en faisant le ventre virtuel de César Grimaldi. Aujourd'hui encore, lors de leur fête patronale (le 2 septembre), ils commémorent cet événement en piétinant la pierre tout en criant « Nous sautons sur le ventre de Grimaldi ! ». Cette coutume est évidemment modérément appréciée à Monaco…

À VOIR AUX ALENTOURS

L'ANNEAU D'ÂNE

12

10, avenue Docteur-Faraut
06670 Levens

Juste après le parking de l'esplanade Louis-Roux, l'avenue Docteur-Faraut conduit à la place de la République, centre de vie du village. Tout de suite sur la gauche, une porte attire l'attention : elle possède un linteau décoré, dédié à l'ecclésiastique qui habitait dans cette maison, « la Maioun dou Padre » (la Maison du Père). À côté de la porte, un simple anneau de fer, scellé dans le mur, est surmonté d'un joli carreau en émail qui représente un âne et porte l'inscription : « Càu estacà doun voi lou mestre » (il faut attacher l'âne où veut le maître). Notons qu'à Levens le patois est appelé levenssois et diffère du nissart par ses influences gavottes (alpines).

LE TABLEAU *L'ENFER ET LE PARADIS* DE LA CHAPELLE DES PÉNITENTS-BLANCS

13

06420 La Tour
Demander la clé à la mairie
Un commentaire audio accompagne la visite

« Des ressuscités sortent de leurs caveaux

Décorée en 1491 par les peintres niçois Nadal et Brevesi, la chapelle des Pénitents-Blancs de La Tour est un passage obligé pour l'amateur d'insolite. Si les murs latéraux présentent des scènes de la passion du Christ et si au plafond sont représentés les évangélistes, la décoration du chevet est la plus spectaculaire : un retable y est encadré de deux scènes du Jugement dernier : l'enfer et le paradis, en haut desquels les ressuscités sortent de leurs caveaux.

À gauche, saint Pierre s'apprête à ouvrir la porte de la Jérusalem céleste à des hommes et femmes qui attendent sur un escalier dans leur plus simple appareil. Un ange les guide vers leur destin.

La serrure de la chapelle elle-même est par ailleurs décorée de deux pénitents…

À droite, dragons, monstres, léviathans et démons en tous genres préparent les damnés de la terre aux souffrances de l'enfer. Les corps sont déjà striés de rouge sous les fouets des tortionnaires. L'entrée de l'enfer est représentée par la gueule d'un monstre (probablement un léviathan) dans laquelle s'engouffrent les humains pas encore tout à fait conscients du (mauvais) sort qui les attend.

LE LÉVIATHAN

Le léviathan (de l'hébreu *liwjatan*) est un monstre marin évoqué dans la Bible, au Livre de Job, dont le nom désigne un monstre colossal. Selon certaines versions, c'est également le nom donné à un des démons principaux de l'enfer. Au Moyen Âge, il est souvent représenté sous la forme d'une gueule ouverte qui avale les âmes.

À VOIR AUX ALENTOURS

LA MAISON KULACINSKI

14

Grand Place 06420 La Tour

Du nom de ses nouveaux propriétaires, la maison Kulacinski est un ancien hôpital du Saint-Sépulcre qui présente une étonnante façade peinte en trompe l'oeil. Si le bâtiment remonte au XVe siècle, la décoration semble avoir été effectuée au cours du mandat présidentiel de Sadi Carnot (1887-1894), son buste étant peint en haut du premier étage.

Sous les arcades sur lesquelles est construite la maison, on aperçoit une ancienne frise datant du XVIIIe siècle qui illustre les articles vendus ici, au temps où le rez-de-chaussée abritait une épicerie-mercerie-bazar. Des articles de ménage et de table en poterie et en étain y sont ainsi représentés.

Enfin, sur le montant de droite des arcades, se trouve une inscription en grec dont la traduction est : « Hélas, il faut mourir ».

LES PÉNITENTS

En Provence et sur la Côte d'Azur, de très nombreuses chapelles témoignent de l'importance des confréries de pénitents dans la société jusqu'à la Révolution. Apparus au début du XIIIe siècle, les pénitents semblent devoir leur existence à la proclamation de la fin des pénitences publiques (principalement les processions de flagellants) par l'Église catholique : ceux-ci prendront désormais sur eux les pêchés des autres.
Leur mission consistait surtout à soulager l'angoisse des prisonniers condamnés à mort ou à ramasser les morts sur la voie publique. Il arrivait parfois qu'entre confréries, les pénitents en viennent à se disputer un corps inerte, car en effet, si la victime n'était pas indigente, ils se faisaient payer la prestation d'enterrement.
Les différentes confréries se distinguaient par la couleur de leurs robes (qui servait également de linceul). La première qui se créait dans une ville optait pour la couleur blanche et avait prééminence sur les autres, notamment lors des processions où elle se plaçait en tête du cortège. On trouvait ensuite les pénitents noirs qui étaient le plus souvent en charge du relevage des morts sans famille dans les rues, de l'organisation des obsèques pour les indigents et de l'accompagnement psychologique des condamnés à mort. Les confréries suivantes choisissaient ensuite des couleurs sans significations particulières : on trouvait ainsi des pénitents bleus, rouges ou gris, qui exerçaient tous la même activité sociale.
Les pénitents disaient également respecter la règle de l'anonymat, concrétisée par la cagoule qu'ils portaient et qui ne laissait entrevoir que leurs yeux. Enfin, dernier attribut commun : la corde, qui symbolisait l'élévation et la discipline.
Interdites en 1792, les confréries vont souvent « glisser » dans la franc-maçonnerie. Aujourd'hui, certaines confréries se sont reconstituées, principalement dans les grandes villes (à Nice par exemple), et sont très actives. Des processions ont lieu lors de la semaine sainte, au cours desquelles leurs crécelles annoncent les offices en lieu et place des cloches, muettes ces jours-là.
Enfin, à Gorbio, pour la Fête-Dieu, la « procession des limaces » voit converger des pénitents de diverses confréries qui parcourent le village éclairé par la seule lumière de coquilles d'escargots dans lesquelles brûlent des mèches trempées dans l'huile.

Pour en savoir plus : *Pénitents et francs-maçons de l'ancienne Provence*, Maurice Aghulon, Fayard.

AUGE
DE LA
DIME

L'AUGE DE LA DÎME

15

Rue du Four 06260 Puget-Rostang

Un vestige de la dîme

Signalée par un panneau rue du Four, sans quoi il est probable que personne ne l'aurait remarquée, se trouve une étonnante auge de la dîme, utilisée sous l'Ancien Régime pour mesurer cette contribution en nature aux charges du clergé.

LA DÎME

En France, le paiement de la dîme devint une obligation religieuse en 585 et une obligation civile sous Charlemagne (794). Frappant tous les possesseurs de terres et variant entre le onzième et le treizième des produits de la terre et de l'élevage, la dîme était versée aux autorités ecclésiastiques pour permettre à l'Eglise d'assurer la subsistance des ministres du culte, l'entretien des bâtiments du culte, des hôpitaux et l'assistance des pauvres. On appelait « portion congrue » la partie de la dîme reversée aux prêtres pour leur subsistance. La dîme a été supprimée sous la Révolution le 4 août 1789 en même temps que les privilèges.

À VOIR AUX ALENTOURS

UNE APPARITION DE LA VIERGE DANS LES ALPES-MARITIMES ? NOTRE-DAME-DE-LA-ROUDOULE

16

502, route de la Roudoule 06260 Puget-Théniers

Sur la route allant de Puget-Théniers à Puget-Rostang, un sanctuaire attire l'attention. Notre-Dame-de-la-Roudoule, appelée aussi oratoire Notre-Dame-de-Lourdes, est édifiée à l'endroit même où des apparitions de la Vierge auraient eu lieu au début du XXe siècle. Le samedi 20 mai 1916, Jeanne Martin et Adeline Biehler, deux fillettes âgées de 7 et 11 ans, gardaient des chèvres. C'est alors qu'elles auraient aperçu une « Dame blanche », entourée d'un halo lumineux. Cette « Dame blanche » leur aurait également fait des révélations à propos de soldats disparus depuis un certain temps en informant les fillettes que l'on aurait bientôt des nouvelles de ces poilus. Et curieusement, la prophétie se réalisa. Leur récit fut cependant mis en doute, mais… des miracles et des protections ne manquèrent pas de conforter ceux qui croyaient en leur sincérité.

LE BUSTE CACHÉ DE L'ABBÉ JEAN-PIERRE PAPON

17

14, rue Papon
06260 Puget-Théniers

Un abbé très particulier

Le buste de l'abbé Jean-Pierre Papon, à 7 mètres de hauteur, entre le deuxième et le troisième étage de sa maison natale, est tellement bien caché des passants que de nombreux habitants de Puget-Théniers ignorent même son existence. Il faut s'armer de jumelles ou d'un téléobjectif pour détailler cette sculpture installée au XIXe siècle.

Né en 1734 dans ladite maison, Jean-Pierre Papon étudia la philosophie et les belles-lettres. Mais c'est sa nomination à la tête de la bibliothèque de Marseille qui décidera de la grande affaire de sa vie : écrire l'histoire de la Provence et de ce que l'on n'appelait pas encore la Côte d'Azur car pour notre abbé, la Provence allait de Nice à Sisteron, de Marseille à Digne et de Fréjus à Avignon…

Si aujourd'hui on se penche rarement sur son *Histoire générale de la Provence* en quatre volumes, son *Voyage en Provence* (éditions La Découverte) demeure un guide incontournable de la région. Écrit dans un style à la fois clair et imagé, le livre a l'immense mérite de ne jamais pratiquer la langue de bois. Papon ne laisse rien passer, de la laideur de telle ville à la critique de ses habitants, de la rigueur du climat au rappel des catastrophes. Il fait des commentaires constructifs en suggérant ici de changer la largeur d'un canal ou ailleurs d'agrandir une rue. Son érudition et sa curiosité lui permettent d'évoquer la période romaine, la richesse minéralogique, la description des espèces animales ou l'inventaire de la flore locale. Bon vivant, notre abbé gourmet n'oublie aucun mets ni aucun vin des villes et villages visités. Mais c'est surtout son sens de l'anecdote et du détail insolite qui rend son ouvrage passionnant, caustique et humoristique, ce qui n'est pas l'apanage de tous les érudits.

À VOIR AUX ALENTOURS

18

Devant l'office de tourisme a été replacée une borne qui marquait la frontière entre le Comté de Nice et la France. Elle se trouvait auparavant sur la ligne frontière qui suivait la rivière. Elle porte d'un côté la croix de Savoie (Nice faisait partie de la Maison de Savoie jusqu'en 1860) et de l'autre, la fleur de lys, emblème du Royaume de France.

Au numéro 4 de la rue Papon, on aperçoit sur des pierres au-dessus de la porte une mitre et une crosse, seuls vestiges de l'ancien couvent des Augustins, et insignes du prieur dont l'inconduite a entraîné la fermeture du couvent peu avant la Révolution.

L'ANCIEN TREMPLIN À SKI DE BEUIL

19

Quartier La Condamine 06470 Beuil-les-Launes

Un témoin de l'introduction du ski nordique dans les Alpes-Maritimes

Si la première compétition de ski dans les Alpes-Maritimes eut lieu à Peïra-Cava en 1909, ce n'est qu'après la Première Guerre mondiale que se développèrent des stations de montagne offrant des équipements pour la pratique des sports d'hiver. C'est en grande partie grâce au chevalier Victor de Cessole, photographe, humaniste, érudit et passionné de montagne que le site de Beuil sera mis en valeur et se verra doté d'un tremplin de ski, encore visible aujourd'hui. Celui-ci fut inauguré en 1930, à l'occasion d'une compétition à laquelle participa Marcel Payot, champion de France de saut à ski de l'époque.

Le ski nordique regroupe toutes les disciplines de ski d'inspiration scandinave : le ski de fond, le saut à ski, le combiné nordique et le biathlon.

À VOIR AUX ALENTOURS

GALERIE DES PRÉSIDENTS (photos en haut et en bas à gauche)

20

Hôtel de Ville 4300, avenue du Général-de-Gaulle 06710 Touët-sur-Var
Ouvert le lundi, mardi, jeudi, vendredi de 9h à 12h et de 14h à 16h et le mercredi et samedi de 9h à 12h Entrée libre

Malgré des atouts conséquents (un beau village perché, le fameux train des Pignes et un environnement rural exceptionnel), Touët-sur-Var ne parvenait pas à se faire connaître. Un beau jour vint l'idée de créer une galerie de portraits des 22 présidents de la République qui se sont succédé jusqu'en 1997. Cette année-là, la commune a tout simplement obtenu le merveilleux prix de la Marianne d'Or pour cette initiative. Chaque portrait officiel est présenté avec une biographie et un petit livret est en vente sur place au prix de 6,50 €.

SOUS LA TRAVÉE LE TORRENT : L'ÉGLISE PAROISSIALE (photo en en bas à droite)

21

Le Planet • Avenue Désiré-Niel 06710 Touët-sur-Var

Dans le haut village (parfois appelé « village tibétain »), au sol de la travée centrale de l'église, une trappe en bois se soulève facilement pour offrir une vue vertigineuse vers le ravin sur lequel a été construit l'édifice. Le torrent déferle sous les pieds de façon très inattendue.

LE CONCOURS DE LA MARIANNE D'OR

Le concours de la Marianne d'Or est le prix d'excellence des municipalités de France. Il récompense les communes de métropole et d'outre-mer pour leurs initiatives remarquables. Le prix a été créé en 1984 par le sénateur Edgar Faure et Alain Trampogliéri, ancien journaliste et conseiller municipal de Saint-Tropez à l'époque. La récompense, sous forme d'un buste en or du célèbre joaillier Cartier, est présentée dans un coffret rouge et or.

LE SANGLIER D'ILONSE

22

Mairie d'Ilonse
Place Serret
06420 Ilonse
• Tél. : 04 93 02 03 49

L'un des trois exemplaires de sanglier gaulois retrouvé en France

En 1998, on découvrit dans le quartier Loirins à Ilonse, très beau village isolé au-dessus de la vallée de la Tinée, un rare sanglier gaulois en bronze datant du Ier siècle avant J.-C. L'objet en bronze martelé semble avoir été composé de plusieurs pièces qui s'assemblaient. Il en manquerait d'ailleurs quelques-unes, notamment les yeux, sans doute faits d'émail. L'animal est à l'arrêt, bien campé sur ses pattes et la hure (le museau) relevée. Chez les Celtes Lug, le sanglier représente le dieu suprême de leur mythologie.

Seuls deux autres sangliers de cette période ont été retrouvés en France, l'un dans le Loiret et l'autre en Gironde. À Ilonse, on admire aujourd'hui un moulage de l'original (qui se trouve au musée archéologique de Cimiez à Nice) ainsi qu'une reconstitution de la statue.

Non loin, sur le mur du clocher de l'église du village, un étonnant compteur de coups de foudre est fixé à la base du clocher.

À VOIR AUX ALENTOURS

L'ENSEIGNE DU COIFFEUR

23

Place de l'Église
06420 Saint-Sauveur-sur-Tinée

Sur des linteaux de porte de la place de l'Église de Saint-Sauveur-sur-Tinée, des motifs attestent de la profession des propriétaires de ces lieux, il y a presque 500 ans… Si, au-dessus de l'une des portes, on peut voir un mouton qui laisse à penser qu'un boucher occupait cette maison, le motif le plus insolite est sans doute celui représentant les deux outils de travail les plus indispensables aux coiffeurs : un peigne et une paire de ciseaux.

LE SCÉNOPARC ALPHA DE SAINT-MARTIN-VÉSUBIE

24

Le Boréon 06450 Saint-Martin-Vésubie
- Tél. : 04 93 02 33 69 • www.alpha-loup.com
- Ouvert tous les jours de mi-avril à fin octobre (horaires selon la saison)
- Tarif individuel : 9 € adulte et 7 € enfant

Loup y es-tu ?

Le remarquable parc Alpha (*) du hameau du Boréon, à une dizaine de minutes de Saint-Martin-Vésubie, n'est pas exactement un zoo à proprement parler : ce n'est pas le public qui vient voir les loups, ce sont les loups qui décident s'ils veulent bien venir voir le public… Vivant dans des enclos variant de 2 à 5 hectares selon les espèces, les loups sont en effet ici en semi-captivité. Malgré ces réserves, et pour peu que l'on se renseigne sur les heures où l'on nourrit les animaux, il y a de très fortes chances d'observer un ou plusieurs loups à une dizaine de mètres à peine.

L'environnement naturel est exceptionnel et la conception du parc a été très soignée afin de privilégier la qualité de vie des animaux. La visite se fait sans contrainte et chacun peut se déplacer et observer à son rythme. Les trois affûts et leurs baies vitrées permettent une proximité avec les loups sans que ceux-ci en soient affectés.

Trois « scéno-visions » d'une qualité extraordinaire (sur les thèmes du pastoralisme, de la science et, bien sûr, de l'imaginaire) expliquent le comment et le pourquoi des mythes et de la réalité du loup.

Il semblerait même que le contenu de ces séquences ludiques et pédagogiques aient créé un consensus aussi bien auprès des éleveurs de moutons que des « amis » des loups. La précision est importante car la réapparition naturelle du loup italien, en novembre 1992 dans le vallon de Mollière (gardée secrète jusqu'à mi-1993), a provoqué des réactions remontant jusqu'au plus haut niveau de l'État. L'éradication du loup dans les années 1930-1940 avait en effet fait oublier le danger qu'il représente et sa réapparition dans un monde où les moutons ont remplacé les vaches n'a pas été vécue de gaieté de cœur par tous les éleveurs.

Pendant l'hiver 2005-2006, cinq naissances de louveteaux ont eu lieu dans le parc.

(*) Le nom Alpha (première lettre de l'alphabet grec) a été choisi pour le parc car ce terme désigne pour les scientifiques l'animal dominant de la meute.

LA MADONE DE LA CHAPELLE NOTRE-DAME-DE-FENESTRE

25

06450 Saint-Martin-Vésubie • À 12 km, accès par la RD94
• Église Saint-Martin • Rue de l'Église 06450 Saint-Martin-Vésubie
• Chapelle des Pénitents-Blancs • Rue du Docteur-Cagnoli dite rue Ducale
06450 Saint-Martin-Vésubie• Horaires à consulter auprès de l'office de tourisme de Saint-Martin-Vésubie, place Félix-Faure • Tél. : 04 93 03 21 28

> *Sculptée par saint Luc, la statue aurait été rapportée par Marie-Madeleine*

Suite à une conjonction de faits insolites et miraculeux, les pèlerinages de Notre-Dame-de-Fenestre sont parmi les plus importants des Alpes.

Un épisode de la rivalité entre la France et l'Italie serait à l'origine du nom Fenestre. Des Italiens, voulant s'approprier la statue de la Madone de la chapelle, la dérobèrent et l'emmenèrent dans leur église. Mais la Madone, ne l'entendant pas ainsi, aurait regagné son sanctuaire par ses propres moyens, empruntant un raccourci à travers la montagne et laissant cette ouverture en forme de fenêtre dénommée la « fenestre » ou « la porte du ciel ».

Une autre hypothèse fait appel à la terminologie latine « fines terrae » (la fin des terres) évoquant la frontière.

La statue, sculptée dans du cèdre du Liban, aurait été exécutée par saint Luc lui-même, puis rapportée en Provence par Marie-Madeleine.

Construite par les Bénédictins, la chapelle passa aux mains des Templiers qui leur succéderont en 1136. Si la chapelle subit quatre incendies catastrophiques, chaque fois, la statue en ressortit indemne. En 1789, par exemple, lorsque les révolutionnaires brûlèrent les ex-voto, la statue, cachée chez un particulier, échappa aux flammes.

Les miracles répertoriés sont nombreux et le plus célèbre d'entre eux est la guérison de Marie-Jeanne-Baptiste de Savoie-Nemours le 15 août 1668. Chaque été, la sculpture est amenée à la chapelle de Notre-Dame-de-Fenestre où, aujourd'hui encore, Français et Italiens se retrouvent lors de pèlerinages. En hiver la statue regagne théoriquement l'église Saint-Martin, mais actuellement et jusqu'à une date encore non définie, la Madone est visible dans la chapelle des Pénitents-Blancs (voir page 87), juste derrière l'office de tourisme, dans la rue Ducale.

À VOIR AUX ALENTOURS

26

Rue du Docteur-Cagnoli dite rue Ducale

La maison du coiffeur, qui date du Moyen Âge, est un exemple de bâtiment mixte servant de logement et de local pour l'activité professionnelle. C'est un coiffeur qui occupait précédemment les lieux, d'où l'appellation de la maison.

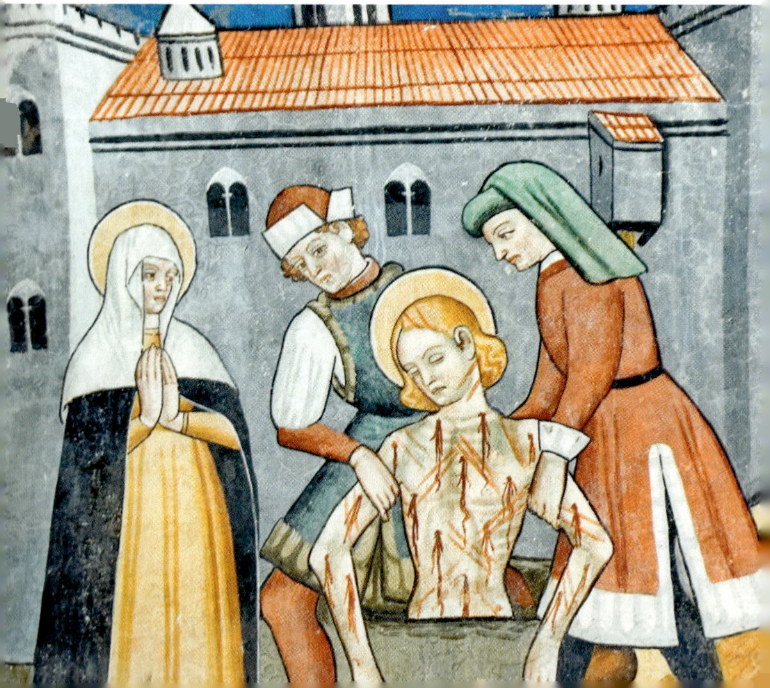

LA CHAPELLE SAINTE-CLAIRE

27

Place Saint-Jean
06450 Venanson

La vie de saint Sébastien en bande dessinée

Au milieu du village de Venanson, d'où l'on a une vue magnifique sur la vallée, il est difficile de manquer la petite chapelle Sainte-Claire (appelée aussi chapelle Saint-Jean ou Saint-Sébastien). Pour la visiter, il suffit de demander la clé à l'épicerie ou au restaurant Bella Vista qui se trouvent sur la même place.

Si l'extérieur de la chapelle ne paie pas de mine, l'intérieur est superbe, entièrement décoré de fresques de Jean Baleison. Exécutées au XVe siècle, elles évoquent la vie et la mort de saint Sébastien de façon splendide. Des détails, très crus, sont assez surprenants : la mise au cloaque du saint par ses bourreaux et la sortie du cloaque à la demande de sainte Lucine pour lui donner une sépulture plus digne.

La frise la plus intéressante a malheureusement été en grande partie effacée. On pouvait y voir la cavalcade des vices, dont ne subsiste que la paresse, représentée par un prince monté sur un âne.

La chapelle de Venanson est l'une des nombreuses chapelles de l'arrière-pays des Alpes-Maritimes, toutes aussi insolites par leurs décors, et le traitement des thèmes. Il s'agissait alors d'enseigner la religion et la morale à une population qui, pour la plupart, ne savait pas lire, d'où la profusion de ces fresques, bandes dessinées de l'époque, destinées à raconter de manière simple et imagée, le contenu de l'enseignement religieux.

SAINT SÉBASTIEN

Né à Narbonne en 250 après J.-C., Sébastien gagna la confiance de l'empereur Dioclétien, mais fut dénoncé comme chrétien et fut transpercé de nombreuses flèches (une scène abondamment représentée au cours des siècles). Sébastien alla ensuite se présenter miraculeusement devant l'empereur, les flèches à la main, et osa lui reprocher sa conduite envers les chrétiens, d'où son deuxième supplice par bastonnade qui entraîna cette fois sa mort.

L'ÉGLISE SAINT-MICHEL-DU-GAST

28

Place des Anciens-Combattants
Quartier La Bourgade
06450 Roquebillière
• Mado Nésic Perichon organise des visites guidées passionnantes, fortement recommandées • Tél. :04 93 03 45 62

Une église ésotérique

Mieux connue sous l'appellation d'église des Templiers, l'église Saint-Michel-du-Gast contient une somme impressionnante de symboles ésotériques, maçonniques, templiers et hospitaliers. Transmise aux Hospitaliers de Saint-Jean de Jérusalem en 1141, elle fut reconstruite en 1533. Sur le mur en bas à droite du clocher, un 666 est précédé d'un « 1 » récent qui aurait été tout simplement rajouté par un participant à un rallye automobile en 4x4… Les colonnes seraient de réemploi et d'origine romaine et la porte d'entrée est surmontée d'une croix templière. Le splendide baptistère en pierre de lave du Queyras est orné d'une croix à six branches qui symboliserait l'homme, les anges, les Séraphins (voir page 69), le monde animal, le monde végétal et le monde minéral, avec Dieu au centre.

La quatrième travée à gauche abrite un surprenant tableau de l'Apocalypse avec un très grand nombre de symboles maçonniques. Chaque détail a été placé avec une signification précise et l'œuvre bénéficie d'une certaine renommée auprès des frères. Au mur de la dernière travée à gauche, un tableau représente sainte Hélène, la mère de l'empereur Constantin, et sur le côté, Marie-Madeleine avec un enfant… Autre élément insolite, le soleil sculpté sur l'un des chapiteaux reçoit la lumière du soleil le jour de l'équinoxe de printemps.

Enfin, le clou de la visite est l'ouverture d'un long coffre au fond de l'église, dans lequel apparaît un Christ gisant, terrifiant de réalisme. Il aurait été « moulé » sur le corps d'un véritable être humain. Mado prétend qu'elle a vu des miracles se réaliser devant cette représentation hyperréaliste.

L'ORDRE DE MALTE

L'ordre souverain militaire hospitalier de Saint-Jean de Jérusalem, de Rhodes et de Malte, plus communément appelé ordre de Malte, était le second ordre militaire de Terre sainte après les Templiers. L'acte fondateur de l'ordre a été un hôpital pour les pèlerins, créé vers 1080 à Jérusalem. Aujourd'hui, c'est une organisation catholique souveraine à vocation humanitaire. Son siège se trouve à Rome, Via dei Condotti. Le siège et le palais de l'Aventin jouissent d'un statut d'extraterritorialité qui permet à l'ordre d'entretenir des relations d'État à État avec 94 nations. L'ordre est également reconnu par l'Organisation des Nations Unies où il dispose d'un observateur permanent. Pour plus de détails, voir chez le même éditeur le guide *Rome insolite et secret*.

Bézaudun-les-Alpes
Le Broc
Coursegoules
Route des
Mgne du Chiers
1085
Carros-Village
Castagniers
Aspremont
Carros
Colomars
Mt Chauve
854
St-Barnabé
963
Col de Vence
Baou de St-Jeannet
800
Gattières
St-Jeannet
Plan-du-Bois
St-Roman-de-Bellet
St-Pancrace
Courmes
Cascade
Vence
Tourrettes-sur-Loup
1248
La Gaude
La Baronne
St-Isidore
La Madeleine
St-Antoine
Corniche du Var
St-Paul
La Colle-sur-Loup
Loup
(Le Rouret)
St-Pons
Magnan
St-Laurent-du-Var
Cagnes-s-Mer
(Roquefort-les-Pins)
Le Colombier
St-Augustin
NICE CÔTE-D'AZUR
Opio
Le Plan
Villeneuve-Loubet
Cros-de-Cagnes
Valbonne
Plascassier
Villeneuve-Loubet-Plage
Biot
Sophia-Antipolis
Marineland
Baie des Anges
Mougins
Les Bréguières
ANTIBES
Vallauris
Jardin Thuret
Le Cannet
Golfe-Juan
Plau de la Garoupe
Juan-les-Pins
Cap d'Antibes
Golfe Juan
La Bocca
Pnte de la Croisette
CANNES
Golfe de la Napoule
La Napoule
Monastère
Île Ste-Marguerite
Île St-Honorat
Îles de Lérins
La Galère
Pnte de l'Esquillon
l'Esterel
D 2085
D 6007
D 6098
A 8
E 80
D 35
D 6202

CANNES, ANTIBES SAINT-PAUL-DE-VENCE ET L'ARRIÈRE-PAYS

LA TOUR DES DANYS

1

10, rue de Cannes 06110 Le Cannet
• Accès : la tour se trouve sur une propriété privée, mais le propriétaire laisse l'accès libre à l'extérieur

Quand Prosper Mérimée ne comprend pas bien le provençal...

Alors que Prosper Mérimée, de passage en inspection du patrimoine, demandait à une vieille femme quel était le nom de la tour qu'il voyait devant lui, celle-ci, ne parlant que le provençal, lui répondit : « Ah Moussu Es habitado per aqueu brigand d'Agnelin s'enebrio chasque jou. » (Ah Monsieur ! Elle est habitée par ce brigand d'Agnelin qui s'enivre chaque jour)

Prosper Mérimée n'ayant pratiquement compris qu'un seul mot, celui de « brigand », baptisa la tour « tour des Brigands ».

Ce nom convenait tout à fait à l'édifice dont la porte d'entrée se situe à trois mètres du sol et dont aucun escalier ne permet de faire communiquer les trois niveaux : il semble que l'on accédait aux étages par des échelles. Une porte au niveau du sol a été récemment rajoutée.

On sait aujourd'hui que cette tour, qui date du milieu du XVe siècle, fut construite par les moines de Lérins. Elle servait à fermer l'entrée de la ville et son caractère défensif est attesté par ses mâchicoulis et l'absence d'ouverture. Son véritable nom est issu de l'ancienne appellation de ce quartier : le hameau des Danys. La tour, carrée, mesure 9 mètres de hauteur et 5,35 mètres de largeur. L'épaisseur des murs à la base est d'environ 70 centimètres.

À VOIR AUX ALENTOURS

LA PAROISSE SAINTE-PHILOMÈNE

2

Boulevard Sadi Carnot 06110 Le Cannet

La paroisse Sainte-Philomène est curieusement consacrée à une sainte qui ne fait plus partie du calendrier. Devenue sainte par un décret du pape Grégoire XVI le 13 janvier 1837, sa fête fut fixée au 11 août. Mais en 1961, Philomène fut en effet rayée de la liste des prénoms de baptême par la Sacrée Congrégation des Rites qui considéra que la légende forgée sur la jeune Romaine était fausse. Celle-ci date du XIXe siècle : en mai 1802 à Rome, au cours de fouilles entreprises dans la catacombe de sainte Priscille, on découvrit trois tuiles tombales sur lesquelles on pouvait lire : « Pax tecum, Philumena » (Paix à toi, Bien-aimée). Le squelette qui reposait là était celui d'une jeune fille d'environ 15 ans au côté de laquelle fut trouvée une fiole brisée ayant contenu du sang, rite habituel des premiers Chrétiens. Un prêtre de Mugnano, près de Naples, insista pour exposer ces reliques qui furent à l'origine de très nombreux miracles.

C'est sur les conseils de Jean-Marie Vianney, plus connu sous le nom de Curé d'Ars, que l'abbé Bovis, curé de la ville, nomma ainsi cette nouvelle église destinée à remplacer l'église Sainte-Catherine qui devenait trop petite.

LA CELLULE DU MASQUE DE FER AU FORT ROYAL

3

Musée de la Mer
Îles de Lérins
• Embarcadère : quai Leaubeuf
• Horaires du musée : de janvier à mars et d'octobre à décembre de 10h30 à 13h15 et de 14h15 à 16h45 ; fermé le lundi. D'avril à mi-juin et de mi-septembre à fin septembre de 10h30 à 13h15 et de 14h15 à 17h45 ; fermé le lundi. De mi-juin à mi-septembre de 10h30 à 17h45 ; ouvert tous les jours • Plein tarif : 3 € • Tarif réduit : 2 €

Le masque de fer, arrière-grand-père de Napoléon ?

La cellule du masque de fer est l'attraction majeure du musée de la Mer. Ce mystérieux prisonnier, dont le masque était de cuir ou de velours et non en fer, fut enfermé de 1687 à 1698 dans une cellule que l'on peut visiter. C'est Voltaire qui popularisa ce personnage en émettant l'hypothèse qu'il était le frère du Roi-Soleil. L'imagination des auteurs s'est alors envolée : ministre du duc de Mantoue puni pour indiscrétion diplomatique, prêtre de la maison du roi enfermé pour avoir interféré dans ses affaires de cœur, fils naturel d'Anne d'Autriche et Mazarin, gendre du médecin de Louis XIII qui aurait été mis au secret pour ne pas dévoiler la stérilité du roi… Et pour agrémenter la légende, un enfant né du masque de fer pendant sa captivité aurait été confié à une famille corse qui, persuadée qu'il venait d'une « bonne-part » (Bona Parte), l'aurait surnommé Buonaparte. Le masque de fer ne serait alors autre que l'arrière-grand-père de Napoléon…

Peu de visiteurs, en revanche, connaissent les manuscrits d'Andrew Macdonagh, qui fut emprisonné 12 ans dans cette cellule en 1777. Lors de la restauration des peintures murales de la cellule, on retrouva dans un trou scellé à 2,20 mètres du sol, une liasse de billets signés Macdonagh, un Irlandais d'origine, qui fut promu capitaine dans l'armée française puis emprisonné à la suite d'un imbroglio d'héritage auquel il semblait étranger. Libéré à la Révolution, il soutiendra la cause de l'indépendance de l'Irlande. Ses écrits sont principalement des pamphlets contre ceux qui l'ont entraîné à croupir dans ce cachot. Les fac-similés de ces billets sont exposés dans une vitrine, dans le couloir attenant à la cellule.

D'autres prisonniers plus ou moins célèbres ont fréquenté le fort Royal. Un mémorial est ainsi dédié à six pasteurs protestants qui y moururent en 1687. Le comte de Monteil détenu depuis 32 ans refusa sa libération en 1790, il s'y trouvait très bien… Enfin, le plus connu est l'ex-Maréchal Bazaine qui, à 60 ans, réussit à s'évader au moyen d'une corde à nœud tenue par le lieutenant-colonel Wilette (qui fut condamné à six mois de prison pour cette complicité) et fut recueilli par un canot qui l'attendait.

LE FOUR À BOULETS DE LA POINTE DU DRAGON

4

Pointe du Dragon
Îles de Lérins
• Embarcadère : quai Leaubeuf
• Accès : au débarcadère sur l'île, se diriger tout droit puis légèrement à droite jusqu'au croisement de la large allée du Dragon. La prendre sur la droite et aller jusqu'à son terme où un panneau indique le four

Tirer à boulets rouges

Quatre fours à boulets, sur la dizaine qui existe encore en France, se trouvent sur les îles de Lérins : deux sont sur l'île Saint-Honorat et les deux autres sur celle de Sainte-Marguerite. Construits sur ordre du jeune général Bonaparte, nommé inspecteur des batteries de la côte après avoir fait la preuve de ses qualités d'artilleur pendant le siège de Toulon fin 1793, ils complétaient la défense de la zone.

Le four de la pointe du Dragon est en assez bon état pour que l'on en comprenne aisément le fonctionnement. Guidés par des rainures, les boulets froids étaient entassés dans le conduit en pente du four alors que le foyer latéral, où l'on maintenait un feu d'enfer, envoyait ses flammes dans le conduit, en direction de la cheminée. Après une heure de mise en température, on obtenait toutes les dix minutes un boulet rouge vif qui faisait ainsi s'embraser instantanément les voiles et le bois des navires visés.

Les canonniers utilisaient des ustensiles spécifiques telles que des pinces à boulets pour charger les canons. Les tirs étaient ainsi réglés : « mettre et tasser la charge de poudre, disposer un bouchon de foin mouillé ou de terre glaise, viser, introduire le boulet rouge avec des pinces et mettre le feu ».

Le four n'est qu'un des éléments composant la batterie du Dragon qui contrôlait une partie de l'accès naval à la baie de Cannes. Elle permettait un tir croisé avec la batterie des Braves Gens sur l'île de Saint-Honorat.

À VOIR AUX ALENTOURS

LE CANON « INCONNU »

5

Découvert en 1995 à 41 mètres de profondeur au nord de l'île de Sainte-Marguerite, un canon, exposé aujourd'hui à l'entrée du fort, porte le curieux nom de l'« Inconnu ». C'est un classique canon de siège, riche d'une iconographie royale (Louis XIV) et d'une devise célèbre : « ultima ratio regum » (le dernier argument des rois).

"PEACE WHICH THE WORLD CANNOT GIVE"
LE PRINCE LEOPOLD DUC D'ALBANY

LE BANC DU JARDIN DU MUSÉE DE LA CASTRE

6

Place de la Castre
06400 Cannes
- Horaires : d'octobre à mars de 10h à 13h et de 14h à 17h ; d'avril à mai et septembre de 10h à 13h et de 15h à 18h ; de juin à août de 10h à 13h et de 15h à 19h ; fermé le lundi et certains jours fériés
- L'accès au jardin du musée est libre

> ***Un banc en marbre pour le fils hémophile de la reine d'Angleterre***

Dans le jardin du musée de la Castre, un texte étonnant est gravé sur un banc en marbre blanc : « Peace which the world cannot give. Érigé par la reine Victoria à la mémoire de son cher fils, le prince Léopold, duc d'Albany, décédé à la villa Nevada le 28 mars 1884. Heureux sont dès à présent les morts qui meurent au Seigneur (Apocalypse XII.V.13) ».

Le 7 avril 1853 naissait Léopold, quatrième fils et huitième enfant de la reine Victoria d'Angleterre. Très vite on s'aperçut qu'il était hémophile et que sa vie serait bridée par cette maladie. Passionné des sciences et amateur d'art, il eut beaucoup de difficultés à convaincre sa mère de le laisser aller étudier à Oxford. C'est là qu'il rencontra finalement Alice Liddell, fille du doyen de l'université, qui inspirera son ami Charles Dogson, plus connu sous le pseudonyme de Lewis Carroll, pour *Alice au Pays des Merveilles.*

À son hémophilie s'ajouta l'épilepsie, ce qui n'améliora en rien son quotidien déjà difficile. Après plusieurs années, il obtint finalement, malgré les réticences de sa mère, le titre de pair en devenant duc d'Albany. Il épousa Hélène, fille de la princesse de Waldeck, qu'il séduisit, dit-on, en lui chantant une romance italienne. De cette union naîtra Alice, prénom choisi non pas pour rappeler l'œuvre de Carroll mais en souvenir de l'une de ses sœurs.

En 1884, il séjourna à Cannes à la villa Nevada et assista au carnaval depuis le cercle nautique où il fit un faux pas en glissant sur le sol en tuiles. Cet incident qui peut paraître anodin déclencha en réalité, en raison de son hémophilie, une hémorragie cérébrale qui l'emporta dans la nuit suivante. Comme il n'était pas question de faire savoir qu'un enfant de la reine Victoria pouvait être atteint d'une maladie héréditaire, l'écho de Cannes expliqua laborieusement et dans un style ampoulé que le duc d'Albany « n'avait pas d'épiderme, de telle sorte que ses chairs enveloppées dans un derme léger, pouvaient être atteintes au moindre choc ».

L'HÉMOPHILIE

L'hémophilie est une anomalie constitutionnelle de la coagulation. Les deux manifestations cliniques les plus caractéristiques de la maladie sont les hémorragies dans les articulations (hémarthroses) et dans les muscles (hématomes).

LES CARIATIDES DE LA RUE D'ANTIBES

7

101, rue d'Antibes
06400 Cannes

Les premiers seins nus de la Côte d'Azur

Les premiers seins nus apparurent bien avant le début des années 1960 sur les plages de Saint-Tropez : dès 1882, des femmes exhibaient déjà leurs attributs sur les immeubles de Cannes. C'est sur la place Vauban, au début du nouveau boulevard Carnot et au 101, rue d'Antibes que les Cannois purent voir pour la première fois des sculptures (œuvre de Pellegrini) montrant ce que tout le monde cachait à l'époque. Le scandale fut énorme.

Ces cariatides n'étaient pourtant que des reproductions de sculptures antiques, à l'image de celles que l'on voit sur le baldaquin de l'Érechthéion, sur l'Acropole à Athènes (voir thème cariatides et atlantes, page 149).

NATURISME ET NUDITÉ : LA CÔTE D'AZUR EN PREMIÈRE LIGNE

Si le premier club naturiste français (le Sparta Club) fut ouvert par Kienné de Mongeot en 1926, ce sont les docteurs André et Gaston Durville qui lancèrent la pratique en 1930 en ouvrant Héliopolis, sur l'île du Levant (une des îles d'Hyères), le premier village où il était possible de vivre nu.

Rappelons une différence importante : les naturistes tiennent à partager avec les autres une manière de vivre et un état d'esprit alors que les nudistes vivent seuls ou en cercle très restreint et pratiquent pour leur confort.

En 1964, le film *Le Gendarme de Saint-Tropez* eut pour effet de populariser la mode du monokini, les seins nus, en stigmatisant l'aspect ridicule de la répression exercée.

Aujourd'hui, on compte en France 225 clubs et associations pour un total de 85 000 licenciés.

Pour séjourner dans un club ou un centre de vacances naturistes, il faut être affilié à la Fédération Française de Naturisme.

Contact : FFN 5, rue Regnault 93500 PANTIN. Tél. : 01 48 10 31 00.

Attention néanmoins : l'article 222-32/section III du code pénal assimile le nudisme à l'exhibitionnisme et de ce fait à un outrage public à la pudeur. Aujourd'hui son application est très rare, mais certaines communes interdisent la pratique par arrêté municipal (risque d'amendes).

Jean Marais

LA TOMBE DE JEAN MARAIS

8

AU VIEUX CIMETIÈRE DE VALLAURIS

Allée du Souvenir-Français 06220 Vallauris
• Horaires d'ouverture : 7h30 du 1er mars au 31 octobre et 8h du 1er novembre au 28 février • Horaires de fermeture : 17h30 du 1er septembre au 30 avril et 18h du 1er mai au 31 août • La tombe est fléchée à l'entrée du cimetière. Elle se trouve à 150 mètres de l'allée prolongeant l'entrée

« La Belle et la Bête »

La tombe de Jean Marais est une réalisation très surprenante conçue par l'acteur lui-même. Elle est inspirée du film de Jean Cocteau : *La Belle et la Bête*, dans lequel Jean Marais joue le rôle de la Bête. Encadrée de deux masques à l'effigie de l'acteur dans le film, la tombe est surmontée d'un sphinx aux cornes de cerf et à la queue de sirène. En parallèle de sa carrière d'acteur, Jean Marais s'était installé à Vallauris et y avait ouvert une galerie en 1975. Il s'est éteint le 8 novembre 1998.

À VOIR AUX ALENTOURS

ESPACE JEAN-MARAIS

9

3, avenue des Martyrs-de-la-Résistance 06220 Vallauris
Tél. : 04 93 63 46 11 Ouvert de 9h à 12h30 et de 14h à 17h30. Fermé le dimanche et le lundi En juillet et août, ouvert tous les jours de 10h à 12h30 et de 14h à 18h30 Entrée : 1,50 €

Exposition permanente de céramiques, sculptures, peintures, photos, vidéos.

L'INVENTEUR DE LA CÔTE D'AZUR VENAIT DE LA CÔTE D'OR

C'est dans une impasse (généreusement appelée avenue), entre la médiathèque et la voie ferrée, que l'on peut admirer, de l'extérieur, la villa de famille où vécut une partie de sa vie « l'inventeur » de la Côte d'Azur. Une plaque visible depuis la rue a été placée en 1988 pour le centenaire de l'appellation.
Né le 29 mars 1830 à Dijon, Stephen Liégeard avait sa carrière toute tracée, son père étant maire de la ville. Il fit son droit et fut nommé sous-préfet à Briey (Meurthe-et-Moselle) en 1859 puis à Carpentras (Vaucluse), où il eut pour voisin un certain Alphonse Daudet qui en fera le personnage principal d'une nouvelle des *Lettres de mon moulin : Le sous-préfet aux champs*. En 1887, en plein hiver, il décida avec un ami de se rendre vers le Sud. Arrivé à Hyères devant cette mer et ce ciel si bleus, si purs, si beaux, il s'exclama en référence à son pays natal (la Côte d'Or) : « Côte d'Azur » ! Dès son retour à Paris, il écrivit son livre phare *Côte d'Azur*. Publié en 1888, l'ouvrage obtint le prix littéraire Bordin attribué par l'Académie française. Le mal était fait... De plus en plus présent à Cannes, Stephen Liégeard s'impliqua dans la vie locale, pour la défense de la ville, et y relança la Société scientifique et littéraire. Il mourut à la villa Les Violettes le 29 décembre 1925. Sur la plaque qui honore sa mémoire, l'on aurait pu ajouter sa devise : « Il est beau d'être grand, être bon est meilleur. »

La plaque de la villa Les Violettes :
Avenue Stephen-Liégeard 06400 Cannes

L'ATELIER DE EÏCHI AWOKI

10

15, rue de la Pompe
06600 Antibes

Ainsi soit Staël

C'est par admiration pour Nicolas de Staël, voire par vénération, qu'Eïchi Awoki, un artiste peintre japonais, a quitté son pays et est venu installer son atelier tout près de celui du maître, dans la Commune Libre du Safranier (voir encadré). Sur sa fenêtre, quelques petites affiches et extraits d'articles résument brièvement sa démarche. Il suffit de sonner pour qu'il vous ouvre la porte de son atelier minuscule mais impressionnant d'ingéniosité : un escalier très pentu fait de demi-marches asymétriques permet par exemple d'accéder au premier étage.

La peinture d'Eïchi est largement inspirée par l'œuvre de Nicolas de Staël et, selon toute vraisemblance, il s'est installé à quelques mètres de son dernier atelier pour capter ses ondes. Tous les matins, la première promenade d'Eïchi le conduit d'ailleurs devant la maison Ardouin, où une plaque rappelle le séjour du maître.

NICOLAS DE STAËL (1914-1955)

C'est en 1954 que ce peintre français d'origine russe (né en 1914 à Saint-Pétersbourg) s'installe à Antibes dans la maison Ardouin située sur les remparts en bord de mer, promenade Amiral-de-Grasse. Orphelin très tôt, exilé, il va se réfugier dans la peinture. S'il étudie auprès de Fernand Léger, c'est Braque qui l'influencera le plus profondément. Après avoir passé le début de la guerre dans la Légion étrangère, Nicolas de Staël résidera à Paris puis à Ménerbes dans le Lubéron. Pendant sa période antiboise, il peindra plus de 300 toiles de paysages, marines, nus et natures mortes dont la plus célèbre restera *Le grand concert*. Nicolas de Staël mit brutalement fin à sa vie le 14 mars 1955 en se jetant de la fenêtre du deuxième étage de son atelier.

LA COMMUNE LIBRE DU SAFRANIER

Cette association, établie dans le même esprit que la Commune Libre de Montmartre ou que la Commune Libre des Templiers à Saint-Raphaël (voir page 155), a pour but de maintenir les traditions locales et de préserver les liens entre les habitants du quartier. L'origine du nom Safranier est incertaine. Elle pourrait venir de la carrière de safre (pierre friable fréquente dans la région) qui se trouvait à cet endroit, ou faire référence au safran, partie du gouvernail des bateaux. Le quartier est aujourd'hui balisé par des plaques de couleur orange et jaune.

LE BANC DE KAZANTZAKI

11

Place du Safranier 06600 Antibes

« Je ne crains rien, je n'espère rien, je suis libre »

Installé à Antibes en 1948, Nikos Kazantzaki y écrira deux de ses chefs-d'œuvre : *La liberté ou la mort* et *La dernière tentation du Christ*. Il aimait venir méditer et trouver l'inspiration sur le banc de la place du Safranier. Juste derrière, sur une plaque fixée au mur, on peut d'ailleurs lire l'épitaphe de sa tombe en Crète : « Je ne crains rien, je n'espère rien, je suis libre ».

NIKOS KAZANTZAKI

Né à Héraklion en Crète, en 1883, Nikos Kazantzaki vivra la révolte du peuple crétois contre l'occupant turc. Il étudie le droit à Athènes et la philosophie à Paris sous l'égide de Bergson. Après avoir écrit une thèse sur Nietzsche, il se lance dans l'exploitation minière dans le sud du Péloponnèse avec un certain Georges Zorba, une expérience qui donnera naissance à son livre le plus célèbre *Alexis Zorba* qui paraîtra en 1943 et qui sera porté au cinéma en 1964 sous le titre de *Zorba le Grec*. Pour l'anecdote, ajoutons que le sirtaki (composé par Mikis Theodorakis) n'est pas une danse authentiquement traditionnelle de Grèce : créée pour le film, elle a néanmoins largement contribué à son succès.

LE SANCTUAIRE DE LA GAROUPE

12

Colline de la Garoupe Cap-d'Antibes 06600 Antibes
• Ouvert de 10h à 12h et de 14h30 à 19h (à 17h l'hiver)
Les ex-voto visibles sur le site du sanctuaire : http://garoupe.free.fr

« *Un pèlerinage, deux oratoires et plus de 250 ex-voto*

Au sommet du Cap-d'Antibes, paradis des milliardaires, l'humble mais magnifique chapelle de la Garoupe offre au visiteur des moments uniques de contemplation, de méditation et de découvertes insolites.

Après avoir admiré la sublime vue panoramique à 360 degrés, on trouve à gauche de la chapelle l'oratoire de Sainte-Hélène, dédié à celle qui fut la mère de l'empereur Constantin. Pour des raisons de sécurité, sa statue est à présent à l'intérieur du sanctuaire.

À quelques pas se trouve également l'oratoire de Notre-Dame-des-Amoureux, créé par l'illustrateur Raymond Peynet qui vécut longtemps à Antibes où un musée lui est d'ailleurs consacré.

L'élément le plus insolite reste néanmoins l'exceptionnelle collection d'ex-voto de la chapelle : des tableaux principalement du XIXe siècle, des tapisseries, des photos, des dessins, des maquettes de bateaux, des broderies, le tout porteur d'une charge émotionnelle intense. Citons notamment une photo en noir et blanc représentant la procession de la patronne des marins sur laquelle est inscrit à la main : « En souvenir de mon oncle, premier porteur à droite de la Vierge de Bon-Port » (chaque année, le premier jeudi de juillet, dix marins aux pieds nus conduisent la statue à la cathédrale d'Antibes et la ramènent au sanctuaire le dimanche suivant).

Mais l'ex-voto le plus étonnant du sanctuaire est peut-être celui qui a été apporté en procession par le conseil municipal au grand complet, après l'effondrement, lors d'un bal, du plancher de la salle des délibérations, le 19 février 1822, ne faisant « que » 19 blessés mais aucun mort. Il représente de manière naïve cet événement avec les danseurs qui passent à l'étage inférieur. Le plus connu, enfin, reste celui du bagnard, datant de 1812, qui remercie la Vierge pour avoir favorisé son évasion des galères…

MUSÉE PEYNET ET DU DESSIN HUMORISTIQUE
Place nationale 06600 Antibes • Tél. : 04 92 90 54 30 • Fax : 04 92 90 54 31
Mail : musee.peynet@antibes-juanlespins.com
• Plein tarif 3 €. Tarif réduit 1,50 €. Gratuit pour les moins de 18 ans
• Ouvert toute l'année sauf les lundis et les jours fériés (1er janvier, 1er mai, 1er novembre, 25 décembre) de 10h à 12h et de 14h à 18h
• Nocturnes en juillet et août, les mercredis et vendredis jusqu'à 20h

D M

LA STÈLE DE SEPTENTRION

13

Musée d'Archéologie
Bastion Saint-André
06600 Antibes
Tél. : 04 92 90 54 37 Fax : 04 92 90 54 37
Mail : musee.archeologie@ville-antibes.fr www.antibes-juanlespins.com
Ouvert de 10h à 12h et de 14h à 18h. Fermé les lundis, le 1er janvier, le 1er mai, le 1er novembre et le 25 décembre • Plein tarif : 3 €. Réduit : 1,50 €. Gratuit pour les moins de 18 ans

« Une épithaphe énigmatique

Découverte il y a 400 ans, la stèle de Septentrion a été scellée au XVIIIe siècle dans la façade ouest de la mairie d'Antibes. Aujourd'hui c'est un moulage qui se trouve sur l'hôtel de ville tandis que l'original est exposé au musée d'Archéologie. La pierre est datée du IIIe siècle ap. J.-C.

Un texte émouvant y est gravé : « D M PUERI SEPTENTRIONIS ANNORUM XII QUI ANTIPOLI IN THEATRO BIDUO SALTAVIT ET PLACUIT », qui se traduit : « Aux Dieux Mânes de l'enfant Septentrion âgé de douze ans qui, à Antibes, dans le théâtre, dansa deux jours et plut ». Le nom de Septentrion évoque la constellation de la Grande Ourse qui compte sept étoiles et la partie supérieure de la stèle est ornée judicieusement de sept cyprès de tailles diverses. Ce nom a aussi été porté par un autre danseur célèbre, un affranchi de Marc-Aurèle (121-180 ap. J.-C), même si, la coutume de reprendre plus tard les noms de « vedettes » étant répandue, ceci ne signifie pas qu'il s'agit ici du même personnage.

Dans la partie inférieure de la stèle, une décoration a été interprétée comme étant un vase contenant deux feuilles de lierre. Il s'agit plus probablement de la trousse de toilette de l'enfant, fermée par deux lacets.

LE GALET DE TERPON

Une autre curiosité du musée est un long galet de serpentine, de forme phallique, qui porte l'inscription grecque suivante : « Je suis Terpon, serviteur de l'auguste Aphrodite, que Cypris récompense de sa faveur ceux qui m'ont placé ici ». L'objet, trouvé par hasard en 1866, renvoie aux origines grecques de la cité, mais on ne peut écarter l'hypothèse qu'il soit venu d'ailleurs. Le nom de « Terpon » est utilisé habituellement pour évoquer l'amour et le plaisir des sens, « Cypris » étant un qualificatif utilisé parfois pour décrire Aphrodite, déesse de l'amour, des plaisirs et de la beauté. Aphrodite a pour équivalent Vénus dans la mythologie romaine. On peut distinguer en deux conceptions différentes : celle du plaisir de la chair, une Aphrodite plus « terrienne » en quelque sorte, et celle de l'amour spirituel, pur et chaste.
Plusieurs hypothèses ont été avancées quant à la fonction de ce galet : socle de statue, enseigne phallique, pierre sacrée ou ex-voto…

NE
TOU

LA PROPRIÉTÉ DE MONSIEUR ET MADAME FARINELLI

15

Villa Le Pin, 593, chemin du Plan 06410 Biot

Tél. : 04 93 65 05 33 Visite gratuite sur rendez-vous

Cette œuvre est située dans une propriété privée et ne peut se visiter qu'avec l'accord de son propriétaire. Prévenir ou demander à l'office de tourisme de Biot de le faire pour vous. Éviter l'heure de la sieste. Respecter les lieux, ne pas amener d'animal et surtout tenir la main aux enfants

Accès : depuis le village, prendre la route d'Antibes et tourner à gauche, juste avant de traverser la rivière La Brague. Longer la rivière et prendre le chemin du Plan jusqu'au moment où il retourne en direction du village

« Italo au pays des merveilles

Ancien maçon et tailleur de pierres, Italo Farinelli a pris sa retraite il y a une vingtaine d'années. En voulant ranger les pierres qui restaient de ses différents chantiers et qui encombraient son jardin, Italo eut la superbe idée de les utiliser de manière décorative. Peu à peu, avec une passion et une patience infinies et malgré son âge avancé, il a construit un véritable village miniature.

En soi, l'ensemble est déjà original, mais les « habitants » de ce village donnent un ton encore plus particulier. Des nains de jardin cohabitent avec des verreries de Murano, une gueule de tigre naturalisée côtoie des personnages de film, des monstres, des santons, des soldats, des oiseaux, des objets non identifiés... Un véritable conte de fées.

À VOIR AUX ALENTOURS

LE MAUSOLÉE DE LA CHÈVRE D'OR

16

Chemin de la Chèvre-d'Or 06410 Biot Accès : depuis le village, prendre la route d'Antibes et tourner à droite, juste après avoir traversé la rivière La Brague, dans le chemin de Vallauris. Après trois épingles à cheveux en côte, prendre à droite à la fourche. Le mausolée se trouve sur la droite de la route. Un panneau spécifie que le stationnement est interdit autour du mausolée

Monument totalement improbable en ce lieu, le mausolée de la Chèvre d'Or domine les pins de ses neuf mètres de haut. Datant du IIe ou IIIe siècle après J.-C., cette monumentale tombe romaine est entourée d'autres tombes en « tegulae » (en tuiles de toiture). Aucune autre information n'est malheureusement disponible sur la personnalité de celui qui est honoré ni sur ceux qui sont enterrés autour.

Le nom de « Chèvre d'Or » a été donné en référence à une légende née ici même. On dit que le soir, devant une anfractuosité connue des bergers, une chèvre aux cornes d'or attire le passant par ses bonds capricieux. Entraîné dans la grotte, de tunnels en galeries, le quidam perd ses repères et se retrouve seul, délaissé par l'animal. Il trouvera un trésor fait de lingots d'or, de perles et de monnaie d'or, mais mourra de soif et de faim, perdu dans le tréfonds du labyrinthe. La source de cette légende provient d'une anecdote authentique. En 714, un sarrasin surnommé « le roi de Majorque » enterra dans ladite grotte son trésor, fruit de ses rapines en Provence. Contraint de fuir la région, il abandonna son précieux bien mais laissa un plan d'accès gravé sur une clochette en argent (ou en or).

LA PLAQUE DE LA CATASTROPHE

17

Place de la Catastrophe 06410 Biot

« *La catastrophe inexpliquée*

Lorsque l'on déambule dans les rues du splendide village de Biot, l'immense et surprenant vide dans l'ordonnancement des maisons de la rue de la Vieille-Boucherie surprend. Il s'agit effectivement d'une anomalie, conséquence de la catastrophe qui a donné son nom à cette place. Une plaque de rue rappelle les circonstances de ce drame : le 12 juin 1898, jour de la Fête-Dieu, on célèbre les premières communions et, selon la coutume, les parents des communiants invitent la famille et les amis à dîner. Ce soir-là, la maison de la famille Pellegrin se retrouve donc pleine.

Vers 21h, un fracas extraordinaire alerte les habitants tandis qu'un nuage de poussière s'étend sur tout le village. Sans raison apparente, la façade de la maison de la famille Pellegrin vient de s'effondrer, entraînant dans sa chute les cinq étages de l'immeuble et les deux maisons contiguës. Immédiatement, tous les villageois accourent pour porter secours aux malheureux ensevelis sous les décombres et, malgré l'intervention de l'armée, appelée par télégraphe, on comptera 23 morts.

À VOIR AUX ALENTOURS

MUSÉE ASSOCIATIF D'HISTOIRE ET DE CÉRAMIQUES BIOTOISES 18

9, rue Saint-Sébastien 06410 Biot

Tél. : 04 93 65 54 54

Ouvert tous les jours sauf lundi, mardi et jours fériés de 10h à 18h l'été et de 14h à 18h l'hiver   Entrée : 2 €

LA PIERRE DE BIOT

C'est la cinérite, pierre réfractaire d'origine volcanique, abondante aux alentours de Biot, qui a permis le développement de l'industrie de la fabrication des fours, ceux-ci nécessitant évidemment une pierre résistant aux fortes chaleurs. De fil en aiguille, la ville a naturellement acquis une réputation mondiale dans le domaine de la poterie. Les fours fabriqués à Biot ont été exportés dans tous les pays méditerranéens avec une technique de montage rappelant la notion moderne du « kit » (il n'était pas envisageable de transporter un four assemblé compte tenu de son volume et de son poids).

Pour voir et toucher la cinérite, il suffit de se promener dans la campagne environnante, chemin de Roquefort par exemple. L'accès se fait par la route de Valbonne : tout de suite à la sortie du village, tourner à droite à l'angle de la chapelle de Notre-Dame. Continuer sur ce chemin de Saint-Julien jusqu'à l'intersection du chemin de Roquefort, que l'on empruntera à droite. Sur le plateau des Aspres, où l'on débouche, le sol est majoritairement composé de rochers de cinérite.

ARTOTHÈQUE ASSOCIATIVE L'ART TISSE

19

14, rue de la Fontaine 06560 Valbonne
• Tél. : 04 93 42 04 56 / 06 82 09 88 21
• www.art-tisse.com • Mail : art-tisse@wanadoo.fr

Œuvres d'art à louer

Pour impressionner vos amis et leur faire croire que votre collection d'œuvres d'art est inépuisable, rien de tel qu'un petit tour à l'artothèque associative L'Art Tisse. Ayant compris que l'on pouvait être amateur d'art sans forcément être fortuné, l'association a regroupé une cinquantaine de créateurs, dont on peut désormais louer les œuvres.

8 €, 16 € ou 24 € par mois selon les dimensions de l'œuvre, le tarif est raisonnable. Pour cela, il faut s'abonner et acquérir une carte comportant 12 unités, facturée 96 € (120 € la carte de 12 unités pour les entreprises, mais la livraison est comprise).

Chaque mois on peut donc rapporter son ou ses tableaux, en choisir un nouveau et repartir avec. Idéal pour ceux qui se lassent rapidement. Le choix des œuvres se fait sur place ou bien sur le site Internet de l'association et une biographie de l'artiste est fournie systématiquement.

En parallèle, l'association participe activement à la vie artistique de Valbonne en organisant des expositions et des actions auprès des scolaires. Elle est à ce titre subventionnée par la commune et la région.

Pour ceux qui ont aimé le principe, deux autres associations similaires existent en région parisienne (voir chez le même éditeur le guide *Banlieue de Paris insolite et secrète*).

LE CADRAN SOLAIRE DE L'ÉCOLE DES MINES

20

École nationale supérieure des Mines de Paris
Avenue Albert-Einstein
Les Lucioles
Sophia-Antipolis 06560 Valbonne
Accès : le cadran se trouve juste avant l'accueil de l'école

« Au solstice d'été et à l'équinoxe d'hiver, le soleil trace les mots « solstice » et « équinoxe » sur le sol

En 1980, l'École nationale supérieure des Mines de Paris lançait un concours pour la conception d'un cadran solaire à implanter à l'entrée de son site de Sophia-Antipolis. Jean Salins, professeur à Marseille, emporta le concours contre 170 concurrents. Il définit son projet de la façon suivante : « Cadran de plein air, en béton et acier, il est constitué d'un mur concave dont les lignes génératrices sont parallèles à l'axe du monde. Des fentes pratiquées dans cette structure permettent de lire, aux heures piles, le temps solaire local vrai sur des lignes tracées au sol. »

L'aspect le plus spectaculaire du cadran est malheureusement assez rare à observer. Grâce à des lettres de l'alphabet creusées en pochoir dans l'acier, le soleil marque le solstice d'été et l'équinoxe d'hiver par une projection au sol qui dure environ un quart d'heure à midi vrai. Ces jours-là, les mots « SOLSTICE» ou « ÉQUINOXE» s'inscrivent en lettres majuscules sur le sol.

Même si, depuis, les arbres ont poussé et projettent des ombres parasites et si la mousse oblige à poser au sol des pages blanches pour mieux observer l'affichage des lettres, des étudiants viennent de loin pour observer le phénomène.

On peut voir des photos spectaculaires prises pendant l'équinoxe et le solstice sur le site http://perso.wanadoo.fr/cadrans.solaires/cadrans/cadran-mines.html

SOPHIA-ANTIPOLIS

En 1969, le sénateur Pierre Laffitte et un groupe de personnalités scientifiques créent une association en vue de promouvoir une Cité internationale de la sagesse, des sciences et des techniques sur un plateau de 2 400 hectares arboré entre Nice, Antibes et Grasse. Sophia-Antipolis était née. Sophia vient du prénom de l'épouse de l'initiateur du projet et Antipolis est l'antique nom d'Antibes. À ce jour, plus de 1 200 entreprises et plus de 25 000 employés sont basés sur la technopole. Centres de recherche, universités, grandes écoles, enseignes prestigieuses ont donné à la Côte d'Azur une image complémentaire de très haute technologie.

UNE MAISON INDIVIDUELLE

EN PLEIN COEUR DE MARINA BAIE DES ANGES

21

Marina Baie des Anges
1001, avenue de la Batterie
06270 Villeneuve-Loubet

L'irréductible Gaulois

Tous ceux qui connaissent le complexe immobilier de Marina Baie des Anges ont dû se poser la même question : « Comment cette maison individuelle a-t-elle pu demeurer là, complètement cernée et enclavée par les quatre gigantesques pyramides ondulantes de Marina ? » La réponse est simple : les propriétaires ont toujours refusé de vendre leur parcelle aux promoteurs de la célèbre résidence.

En 1960, Lucien Nouvel, riche entrepreneur de l'industrie pharmaceutique, décida d'investir dans l'immobilier de loisir, et acheta 16 hectares de terrain à Villeneuve-Loubet, entre le bord de mer et la voie ferrée. Malheureusement pour lui, l'un des propriétaires, Louis Giraud, refusa de vendre sa maison, un ancien dépôt d'armes datant du début du XVIIe siècle et mentionné comme « magazin » - avec un Z - d'armes sur la carte de Cassini publiée en 1815.

Commençait alors un long bras de fer entre les promoteurs et l'irréductible propriétaire. Pressions en tout genre alternèrent avec propositions financières élevées, mais rien n'y fit. Un jour, on frisa même le grave incident lorsque, excédé, Louis Giraud sortit son fusil.

Quand les travaux du premier immeuble (l'Amiral) commencèrent, les deux entreprises responsables des travaux entrèrent en conflit et se refusèrent mutuellement le passage. L'une d'elles dut alors négocier le passage avec Louis Giraud qui accepta, mais demanda des contreparties. Rappelons que la rumeur de la cabine de péage installée au passage des camions n'est qu'un mythe et que les compensations furent payées en nature : remblai, béton et matériaux de construction.

En 1970 l'Amiral est livré et en 1993, la résidence est achevée avec le dernier immeuble, le Baronnet. Les deux autres immeubles, le Commodore et le Ducal avaient été terminés avant le Baronnet et avaient ainsi perturbé l'ordre voulu à l'origine : les initiales ABCD devaient désigner les bâtiments dans l'ordre.

Aujourd'hui, c'est le statu quo et les descendants de Louis Giraud empruntent la servitude de passage qui leur permet de regagner leur « magazin de la Marine » et leur petite annexe, malicieusement appelée « Marinette »... Autour d'eux, 1 300 logements qui n'ont finalement pas attiré la clientèle sportive attendue mais plutôt des résidents permanents, majoritairement retraités.

L'HORLOGE DU MUSÉE D'HISTOIRE ET D'ART

22

Place de Verdun 06270 Villeneuve-Loubet (village)
Tél. : 04 92 02 60 39
Ouvert de 9h à 12h et de 14h à 18h, de 9h30 à 12h30 le samedi
Entrée gratuite

Une horloge dans un obus

Initiative privée de Christian Vialle, le musée d'Histoire et d'Art est consacré à l'histoire militaire depuis la guerre de 14-18 à nos jours. Exposés sur deux étages, des centaines d'insignes, de décorations, de maquettes, d'armes, d'uniformes, d'articles racontent les guerres du XXe siècle. Parmi les curiosités du musée, une horloge insolite, en fonte et en cuivre, est intégrée dans un obus qui date probablement de 1915. Quatre baïonnettes torsadées encadrent cet obus. L'ensemble évoque l'univers de Jules Verne et semble prêt à décoller pour la lune…

À VOIR AUX ALENTOURS

LA PELOTE PROVENÇALE

23

Le parking en face du musée (et de l'annexe de l'office de tourisme) est installé sur la place De Gaulle. En cherchant à y stationner (opération difficile), il est possible que vous soyez intrigué par un panneau indiquant l'ancien nom : « place du Jeu de Paume ». Et, si vous avez de bons yeux, vous pourrez voir, en haut de la façade de l'immeuble en face, un fronton de pelote provençale daté de 1920. Typiquement basque à l'origine, cette discipline était pratiquée à Villeneuve-Loubet, à Grasse et à Cannes. Issue de l'ancien jeu de paume, la pelote provençale s'appelait ici « paleta gomme » (avec une balle de caoutchouc dense, de 480 grammes) ou « paleta cuir » (avec une balle en cuir). 45 licenciés pratiquent toujours la pelote provençale à Villeneuve-Loubet, sur le fronton de pelote du gymnase Jean-Granelle, aux Plans, avenue des Plans.

LA PÉTANQUE AVEC DES BOULES CARRÉES 24

Montée de la Bourgade et rue Hyppolite-Guis
Championnat du monde de pétanque carrée le 25 août

Les rues étant trop en pente, Cagnes inventa tout simplement la pétanque avec des boules carrées

En cette année 1980, Janot Delènne, membre actif du Cercle des Amis et ancien propriétaire de l'auberge de Cagnes, eut une idée : les rues du haut de Cagnes étant trop en pente et n'étant donc pas propices à la pétanque, il inventa tout simplement la pétanque avec des boules carrées !

Les règles sont sensiblement les mêmes qu'à la pétanque traditionnelle à ceci près que les parties se jouent avec des cubes en pin de couleurs différentes selon les équipes et que le bouchon (cochonnet) est un cube de bois non teinté. On joue les « pieds tanqués » (les pieds fixés au sol) en 13 points gagnants et le terrain est balisé sur les deux rues où ont lieu les parties, la montée de la Bourgade et la rue Hyppolite-Guis. On peut aussi bien jouer en descente qu'en montée et un championnat du monde a lieu chaque année le 25 août.

En France, Panissières près de Roanne, Arvieux dans le Queyras et Balleray dans le Morvan pour n'en citer que trois, pratiquent également ce « sport » qui privilégie surtout l'humour.

À VOIR AUX ALENTOURS

98, MONTÉE DE LA BOURGADE 25

La maison du numéro 98 montée de la Bourgade abrite, dans la ferronnerie de l'escalier, un « S ». Celui-ci fait référence au S de Simenon (Georges), l'inventeur du commissaire Maigret.

LA CHAPELLE NOTRE-DAME-DES-PILOTES 26

8, chemin Guillaumet

Passionné d'aviation, un architecte nommé Balin décida d'ériger une chapelle pour perpétuer la mémoire des aviateurs les plus célèbres de l'époque des débuts de l'aviation. Le 14 décembre 1958, Monseigneur Verder, évêque auxiliaire de Nice, posa la première pierre de la chapelle, sur le terrain jouxtant l'habitation de Monsieur Balin. Le 29 juillet 1959, une messe fut célébrée sur le chantier pour fêter le cinquantième anniversaire de la traversée de la Manche par Louis Blériot, mais les travaux, réalisés par le propriétaire et ses amis, prirent beaucoup de temps si bien qu'en 1979, après le décès de Balin, la chapelle fut laissée inachevée, avec parpaings apparents.
Aujourd'hui l'axe de la chapelle reste judicieusement orienté vers l'aéroport de Nice dont on peut constater l'incessant trafic aérien. C'est aussi à la suite de cette initiative que les rues environnantes ont reçu des noms d'aviateurs célèbres comme Guynemer, Nungesser et Coli, Roland Garros, Mermoz ou Guillaumet.

LE PONT DES FRANÇAIS

27

Esplanade du Levant (dans le prolongement de la rue de l'Ancien-Pont)
06700 Saint-Laurent-du-Var

Le fleuve Var servait de frontière entre la France et le Comté de Nice

De 1814 à 1860, lorsque la région passa sous contrôle du Piémont-Sardaigne, le fleuve Var (non répertorié comme l'un des cinq fleuves de France car en dehors du territoire de l'État à l'époque) servit de frontière entre la France et le Comté de Nice.

Un pont fut construit pour relier les deux rives du Var au niveau de la commune de Saint-Laurent-du-Var. Il fut naturellement appelé « pont des Français », comme en atteste la borne encore visible aujourd'hui. Déplacée de quelques mètres et actuellement en bordure d'un grillage clôturant un parking un peu anarchique, la borne se trouve dans l'exact prolongement de la rue de l'Ancien-Pont. Cet ancien pont résista difficilement aux crues du Var et fut coupé plusieurs fois. Il perdit trois arches en 1848, quatre travées en 1852 et deux autres en 1855, ce qui conduisit à sa destruction définitive en 1857.

LE FLEUVE VAR

Le Var est un fleuve dont le nom veut dire « cours d'eau » en langue ligure. Il prend sa source à Entraunes à 1 800 mètres d'altitude et rejoint la mer Méditerranée entre Nice et Saint-Laurent-du-Var après un parcours de 120 kilomètres. Le Var a donné son nom au département dont il était la limite orientale. Aujourd'hui ce fleuve ne coule plus dans le département du Var mais principalement dans le département des Alpes-Maritimes et effleure les Alpes-de-Haute-Provence à Entrevaux. Le Var a un niveau habituellement bas, mais est réputé pour ses crues soudaines et son débit peut passer en quelques heures de 100 m^3/s à 1 000 m^3/s, voire beaucoup plus en cas de crue exceptionnelle.

LE CANON DE LACAN

28

Bastion du Dauphin
Porte Nord
06570 Saint-Paul-de-Vence

Un canon plein de noyaux de cerises

Si le canon pointé vers les visiteurs qui pénètrent dans le village de Saint-Paul-de-Vence est bien connu, peu connaissent son histoire et sa légende.

Authentique canon du XVIe siècle rapporté par l'armée de François Ier à Saint-Paul en 1544 après la bataille de Ceresole d'Alba (Piémont), cette pièce d'artillerie faisait partie des 14 canons pris à l'ennemi au cours du combat. L'armée française comptait en effet un petit contingent de Saint-Paulois, dont un capitaine d'artillerie nommé Lacan qui, après la victoire, rapporta le canon à Saint-Paul en guise de trophée de guerre. Le canon prit le nom de son propriétaire et vint renforcer la défense des nouveaux remparts.

À la fin du XVIe siècle, « l'affaire du canon », symbole de la longue rivalité opposant Vence et Saint-Paul, fit grand bruit : afin « d'atteindre et rabaisser l'orgueil de Saint-Paul », les habitants de Vence fomentèrent le projet de venir subtiliser le canon de Lacan, symbole de fierté pour les Saint-Paulois. Une Saint-Pauloise qui habitait Vence eut vent du complot et avertit les autorités de son village natal : il fut alors décidé de tendre un piège aux Vençois. Quand, en pleine nuit, ces derniers approchèrent de l'entrée du village pour dérober le canon, les Saint-Paulois, qui avaient chargé celui-ci de noyaux de cerises, mirent le feu aux poudres. Dans un fracas tonitruant, une pluie de noyaux s'abattit sur les pauvres Vençois. Tâchés de rouge, ces derniers crurent être blessés et s'enfuirent dans une panique générale.

Encore racontée par les anciens du village, cette histoire ne serait en fait qu'une légende.

ORION BED & BREAKFAST

29

Impasse des Peupliers
2436, chemin de Malvan 06570 Saint-Paul-de-Vence
• Tél. : 06 75 45 18 64 / 04 93 24 87 51
• Mail : info@orionbb.com • www.orionbb.com
• Tarifs : de 150 € à 245 € la nuit, selon la cabane et le nombre de personnes, petit déjeuner compris • Accès : depuis la sortie 48 de l'autoroute A8, prendre la direction de Vence. Après 2,5 kilomètres, au troisième rond-point, prendre à droite vers Vence. 100 mètres plus loin, après la caserne des pompiers et l'atelier des parfums, prendre à gauche le chemin de Malvan. L'impasse des Peupliers se trouve à 2,4 kilomètres au bout de ce chemin

« *Dormir dans une cabane*

Au pied du village de Saint-Paul-de-Vence, tout près de l'effervescence de la Côte d'Azur, mais très loin de son agitation, Diane Van den Berge a imaginé un lieu de villégiature totalement insolite et inattendu.

Quatre cabanes ont ainsi été construites dans les arbres autour d'un splendide bassin de baignade. D'apparence très rustique, les cabanes bénéficient cependant du meilleur confort. Sanitaires dernier cri, connexion Wifi, minibar, etc. La cabane King Louie, connectée à la cabane Mowgli par une passerelle en bois, est idéale pour une famille avec enfants, aussi bien pour la tranquillité du couple que pour le bonheur des enfants.

Enfin, un sentier balisé permet de se rendre à pied au village de Saint-Paul (montée à l'aller, descente au retour).

À VOIR AUX ALENTOURS

LA CLOCHE DES CAGNOIS
UNE CLOCHE CONTRE UN PANIER DE POMMES

30

Tour de l'Horloge
Place de l'Église
06570 Saint-Paul-de-Vence

Pratiquement impossible à apercevoir depuis la place de l'Église, une cloche en haut du donjon (appelé également tour de l'Horloge) est enfermée dans une cage et porte l'inscription : « Hora est jam nos somno surgere » (il est l'heure de sortir du sommeil – ou – les heures nous invitent maintenant à la rêverie – selon les traductions).
La légende qui lui est attachée est tout à fait surprenante : cette cloche aurait en fait été fondue en 1443 pour la ville de Cagnes (Cagnes-sur-Mer aujourd'hui) et non pour Saint-Paul. On dit que les Cagnois, minés par la disette, n'eurent plus d'autres solutions que de proposer aux Saint-Paulois de troquer leur cloche contre un panier de pommes. Cet échange aurait sauvé Cagnes, mais serait resté comme une humiliation difficile à avaler…
Pour voir la cloche, deux solutions : en contournant l'église par la gauche, se rendre rue des Verdalettes, au-dessus des remparts. Sinon, sortir de Saint-Paul et aller à la Colle-sur-Loup avec de bonnes jumelles. La tour est aujourd'hui inaccessible.

FANNY

LA FANNY DU CAFÉ DE LA PLACE

31

Café de la Place
Place De Gaulle
06570 Saint-Paul-de-Vence

> ***La Fanny de Saint-Paul-de-Vence a été sculptée par César***

Tout comme la place des Lices à Saint-Tropez, la place De Gaulle à Saint-Paul-de-Vence, avec son jeu de boules et son Café de la Place, est l'une des plus prestigieuses aires de jeu de pétanque au monde.

Pour ceux qui connaissent un peu les règles de ce jeu inventé à la Ciotat (voir chez le même éditeur le guide *Provence insolite et secrète*), il y a deux façons de perdre une partie : une manière « normale » avec un écart de points avouable et une manière particulièrement honteuse où le perdant n'a marqué aucun point. Ce score de 13 à 0 se nomme « faire Fanny ». La tradition veut ensuite que le perdant, sous les rires moqueurs des vainqueurs, aille « baiser Fanny ». Ladite Fanny se présente en général comme une scène de guignol, hébergée par le local du club bouliste ou, comme ici, par le café situé au bord du jeu de boules. L'un des gagnants va écarter les rideaux et laisser apparaître une paire de fesses féminines recouvertes d'un court jupon blanc sur lesquelles les perdants doivent alors déposer un baiser. La particularité de la Fanny du Café de la Place est d'avoir été créée par le célèbre sculpteur César et d'avoir été inaugurée le 2 septembre 1975 par Lino Ventura, qui fut, avec Yves Montand, l'un des joueurs les plus assidus.

Pour accéder à la Fanny à l'intérieur du Café de la Place, il est apprécié de prendre une consommation. Vous ne le regretterez pas : la terrasse est le meilleur poste d'observation du village et les prix sont raisonnables compte tenu de cet emplacement de premier ordre. Compter 8 € pour une salade niçoise et 2,20 € pour un verre de rosé.

L'office de tourisme de Saint-Paul-de-Vence organise des initiations à la pétanque sous la férule d'un maître en pétanque saint-paulois. Tarif : 8 € par personne. Inscription et renseignements :
Office de tourisme de Saint-Paul-de-Vence - 2, rue Grande 06570 Saint-Paul-de-Vence
Tél. : 04 93 32 86 95
• Mail : tourisme@saint-pauldevence.com • www.saint-pauldevence.com

L'ORIGINE DE LA FANNY

La coutume de « baiser Fanny » viendrait de... Savoie. La serveuse d'un café de la ville du Grand-Lemps en Isère s'appelait Fanny et se laissait embrasser sur la joue pour consoler les perdants humiliés d'un 13 à 0. Le jour où se présenta le maire (contre qui elle avait semble-t-il une dent) qui venait de subir l'humiliante défaite, elle lui refusa ses joues et lui présenta ses fesses. Celui-ci ne se démonta pas et lança la tradition.

LA STATUE D'EUGÈNE SUE

34

Place Eugène-Sue 06480 La Colle-sur-Loup

« *Eugène Sue me regarde... Je t'aime* »

Sculptée par Théo Giordan, un artiste local, pour le centenaire de la mort d'Eugène Sue et inaugurée en 1954, la statue de l'écrivain rappelle les origines colloises de sa famille. Elle fut inaugurée par Simone Signoret en raison d'une histoire savoureuse… Simone Signoret et Yves Montand passaient l'essentiel de leurs vacances au mythique hôtel de La Colombe d'Or à Saint-Paul-de-Vence, juste en face de La Colle, qu'ils traversaient souvent pour se rendre à l'hôtel. En 1950, Yves Montand enregistrait le fameux sketch *Le télégramme* dans lequel il dicte à la préposée de la Poste la célèbre phrase :

« La statue est toujours à la même place, Eugène Sue me regarde…
– Eugène, comme le prénom ?
– Oui…
– Ensuite ?
– Sue… Eugène Sue
– Épelez. »

Un an plus tard, il célébrait son mariage avec Simone Signoret à Saint-Paul.

EUGÈNE SUE (1804-1857)

Descendant d'une famille de médecins originaire de La Colle-sur-Loup, Eugène Sue deviendra chirurgien dans la Marine et en démissionnera six ans plus tard. À partir de 1931, il habite à Paris où il fréquente Alexandre Dumas, Honoré de Balzac et Stendhal. Bénéficiaire d'un important héritage, il vit de ses rentes et écrit ses premières œuvres, pièces de théâtre et romans maritimes, d'aventure, de mœurs et historiques. Ce sont cependant ses feuilletons tels que *Les mystères de Paris* et *Le Juif errant* qui lui assureront une immense renommée. En 1844, il quitte Paris pour Orléans et se lance dans la politique. Situé très à gauche de l'échiquier politique, il est arrêté pendant le coup d'état de Napoléon III et s'exile définitivement à Annecy où il mourra en 1857.

Détail insolite, la date de naissance d'Eugène Sue varie selon ses biographes et pas moins de six dates différentes ont été avancées : 17 janvier 1803 selon l'un de ses éditeurs Maurice Lachâtre, 1er janvier 1803 pour Alexandre Dumas, 1er janvier 1801 pour Eugène de Mirecourt (auteur prolifique et principal détracteur d'Alexandre Dumas qu'il accusait de faire écrire ses œuvres par des « nègres »), 10 décembre 1804 pour le journaliste Paul Ginisty et 8 février 1804 pour Francis Lacassin (essayiste inventeur de la formule « 9e art » pour désigner la bande dessinée). Selon Jean-Louis Bory (critique de cinéma et écrivain, personnage qui s'est fait connaître par l'émission mythique *Le masque et la plume*), Eugène Sue serait né le V pluviôse An XII de la République, soit le 26 janvier 1804.

À VOIR AUX ALENTOURS

UN CACHOT SUR LA RUE

35

26, rue de la Victoire
06480 La Colle-sur-Loup

Dans le beau village de La Colle-sur-Loup, une porte banale est signalée par un curieux petit panneau : « Ancienne prison ». En faisant coulisser le lourd verrou, la porte ouvre sur un couloir très étroit, avec un appentis de planches dans lequel le séjour devait être particulièrement pénible. Malgré l'appellation « prison », il semble plutôt que nous soyons en présence d'une « salle de dégrisement » où l'on pouvait isoler un individu que l'abus d'alcool avait rendu un peu trop agressif. Cette cellule servait donc d'annexe à la prison de Saint-Paul-de-Vence dont dépendait le quartier des « Colles » (coteaux), La Colle-sur-Loup n'étant devenue commune autonome qu'en 1792.

A
I.N.R.I

LES FRESQUES DE LA CHAPELLE SAINT-JEAN

36

Chapelle Saint-Jean
Route de Saint-Jean
06140 Tourrettes-sur-Loup

« *La reconversion de Ralph Soupault* »

En 1959, Ralph Soupault, dessinateur assigné à résidence à Tourrettes-sur-Loup, proposa ses services pour peindre les murs de la chapelle Saint-Jean. Libéré par anticipation pour raison de santé, il avait été condamné à 15 ans de travaux forcés pour collaboration. Avant et pendant la guerre, il avait en effet mis son talent au service des pires causes de l'époque. Il fut nommé responsable du PPF (parti populaire français créé par Doriot) de Paris, dont les membres, vêtus de noir, effectuaient le salut nazi. Après sa libération prématurée, Soupault se recycla dans les illustrés pour la jeunesse et, sous le pseudonyme de Jean-François Guindeau, dessina dans *Cœurs Vaillants* ainsi que dans *Fripounet et Marisette*. Hergé lui-même, ne connaissant pas le passé de Soupault, le recommanda au rédacteur en chef du journal *Tintin*.

Les fresques de la chapelle représentent des scènes bibliques et des moments de la vie villageoise. Leur originalité, outre le style naïf, est de dépeindre les véritables habitants du village. Aujourd'hui, les Tourretans peuvent ainsi retrouver les visages des amis disparus, des parents ou des grands-parents.

Sur la fresque de l'Arche de Noé apparaît également le personnage de Lanza del Vasto, créateur des Communautés de l'Arche. Ce disciple de Ghandi vécut à Tourrettes où il fonda la première de ces communautés en 1948 avec certains de ses adeptes. Enfin, au-dessus de la porte de la chapelle, une fresque rappelle que les violettes sont une spécialité du village.

LANZA DEL VASTO

Joseph Lanza del Vasto (29 septembre 1901 à San Vito dei Normanni, Italie - 5 janvier 1981 à Murcie, Espagne), de son vrai nom Giuseppe Giovanni Luigi Enrico Lanza di Trabia, fut philosophe, poète et artiste (sculptures et dessins). Il est surtout connu pour avoir créé les Communautés de l'Arche qui fonctionnent selon le modèle des ashrams en Inde et se donnent pour but l'exercice, la prière et le travail. En 1936 il partit en Inde rencontrer Gandhi et, aux sources du Gange, dans l'Himalaya, reçut sa mission : « rentre et fonde ». De la Palestine au Larzac, de la guerre d'Algérie à la bombe atomique, Lanza del Vasto s'impliqua alors dans un combat non-violent ponctué de grèves de la faim. Son livre *Le pèlerinage aux sources* (éditions Denoël, 1943) fut un best-seller.

Col de Valferrière
Napoléon
Mgne de l'Audibergue
1169
1642
D 6085
44
1553
Caussols
D 12
Gges du Loup
Plateau de Caussols
Gourdon
Escragnolles
Pas de la Faye
(981)
Col de Ferrier
1039
1335
Le Bar-sur-Loup
Belvre de Baou Mourine
St-Vallier-de-Thiey
1245
Magagnosc
Mons
Baume Obscure
780
Col de la Lèque
D 5
Col du Pilon
GRASSE
695
Châteauneuf-Grasse
Grottes de St-Cézaire
Cabris
D 37
Spéracèdes
Plascassier
Le Tignet
St-Cézaire-sur-Siagne
Peymeinade
D 2562
St-Jacques
D 6185
Callian
Fayence
Montauroux
Siagne
Tourrettes
D 19
Moulin-Vieux
La Roquette-sur-Siagne
D 562
Auribeau-sur-Siagne
D 563
56
Pégomas
Tanneron
St-Jean
N.-D.-de-Peygros
Lac de St-Cassien
Massif du Tanneron
516
St-Paul-en-Forêt
D 109
Mandelieu-la-Napoule
Esterel
L'Église
Bagnols-en-Forêt
D 6007
Les Adrets-de-l'Esterel
376
E 80
D 6098
Théoule
La Napoule
Mt Vinaigre
514
MASSIF DE L'ESTEREL
Pic de l'Ours
Pnte de l'Aiguille
Miramar
492
A 8
D N7
Zoo
N.-D. de Jérusalem
Pic d'Aurelle
322
Le Trayas
Pic de Cap Roux
453
La Tour-de-Mare
D 100
Puget-sur-Argens
Valescure
Agay
D 559
Pnte de l'Observatoire
Argens
St-Raphaël
Anthéor
Fréjus
Le Dramont
Fréjus-Plage
Boulouris
Sémaphore
Cap du Dramont
Golfe de Fréjus
Étang de Villepey
Corniche de l'Esterel
St-Aygulf
Col de Bougnon
154
242
Les Issambres

FRÉJUS, SAINT-RAPHAËL ET ALENTOURS

LE PORT ROMAIN DE FRÉJUS

1

• Visite guidée par Philippe Cantarel, guide à l'office de tourisme de Fréjus
Le vendredi à 17h en saison • Prix : 5 €
• Renseignements inscriptions :
Office de tourisme de Fréjus, 325, rue Jean-Jaurès 83600 Fréjus
• Tél. : 04 94 51 83 83 • Mail : tourisme@frejus.fr • www.frejus.fr

« Le seul port romain de France encore visible

Pour les amateurs d'antiquité romaine, Fréjus est une ville incontournable. Ce sont en général les arènes, le théâtre et l'aqueduc qui ont la faveur des visiteurs. L'importance de Fréjus au temps des Romains tient pourtant en premier lieu à son port.

Alors que les ports de la façade sud de la Gaule sont grecs, Forum Julii fut le point d'ancrage de la flotte romaine. D'une superficie de 17 hectares, le port accueillit les 300 galères prises par Octave à la flotte d'Antoine, allié de Cléopâtre, lors de la bataille d'Actium au large de la Grèce, en 31 avant J.-C.

Le circuit consiste à faire le tour de l'enceinte de ce port aujourd'hui comblé : la visite commence par la porte d'Orée qui n'est pas une porte mais sans doute un arc des thermes du port. La butte Saint-Antoine, elle, est une zone vierge de constructions récentes en plein cœur de Fréjus où l'on suppose que le préfet maritime avait son logement de fonction. Le cloaque (égout) est nettement perceptible au milieu des ruines et débouche dans le boulevard Séverin-Decuers. Enfin, le chemin de la lanterne d'Auguste mène logiquement à ce curieux monument qui n'est très probablement pas un phare comme il fut supposé auparavant mais l'entrée du port dont la hauteur aurait pu être utilisée comme mire pour permettre aux pilotes de s'aligner de loin dans l'axe de sa passe.

Le plus insolite des vestiges du port reste la bitte d'amarrage, au bout du chemin de la lanterne d'Auguste. Taillée dans de l'esterellite (porphyre bleu autrefois extrait de l'Estérel), cette bitte comporte à sa base la trace des frottements des cordages ayant usé la pierre et sert aujourd'hui de bloc dissuasif au parking sauvage.

S'il est possible d'emprunter sans guide le chemin de la lanterne d'Auguste, il serait dommage de se priver de la compétence et de l'humour de Philippe Cantarel, guide à l'office de tourisme.

À VOIR AUX ALENTOURS

L'HEXAÈDRE FUNÉRAIRE DE LA RÉSIDENCE EDEN PARK

2

Résidence Eden Park, Rue Jean-Carrara 83600 Fréjus

Lors de la construction de la résidence Eden Park, dans les années 1980, une tombe romaine fut découverte. Démontée pierre par pierre et remontée quelques mètres plus loin pour être conservée en l'état, elle est visible dans le jardin librement accessible de la résidence. Elle contenait une urne funéraire en forme d'hexaèdre et une partie de sa surface est recouverte de marbre blanc.

PROMENADE SUR LES VESTIGES DU BARRAGE DE MALPASSET 3

Sortie de l'autoroute A8 n°38 Fréjus-Centre. Au premier rond-point (de Galagon), prendre à gauche direction Malpasset. Faire 5 kilomètres et laisser la voiture au parking juste après les piles du pont de l'autoroute. Une baraque d'initiative privée vend un guide avec l'historique du barrage et propose d'accompagner les promeneurs. Prendre le chemin et compter une heure aller-retour pour aller au pied du barrage

« En 1959, le barrage de Malpasset déversa 50 millions de mètres cubes d'eau sur Fréjus...

Le 2 décembre 1959 à 21h13, une série de craquements sourds alerta la population des alentours de Fréjus. Le barrage de Malpasset venait de céder et de lâcher une vague de 50 millions de mètres cubes d'eau sur 40 mètres de haut qui déferla à la vitesse de 70 km/h vers la ville. La catastrophe fit 423 victimes et André Coyne, l'ingénieur qui avait conçu le barrage, décéda six mois après la catastrophe.

Il semble que ce ne soit pas la conception du barrage de type barrages-voûtes, réputés pour leur solidité (même si en l'occurrence il s'agissait d'un ouvrage à voûte mince) qui a causé la catastrophe mais plutôt la fragilité des roches sur lesquelles s'appuyait l'édifice. En cet hiver 1959, des pluies torrentielles avaient rempli la retenue trop rapidement pour permettre un contrôle efficace du niveau. Par ailleurs, le chantier du pont de l'autoroute sur la rivière empêchait d'inonder le lit du Reyran.

Cinquante années se sont écoulées, et pourtant, aujourd'hui encore, au détour d'un méandre apparaissent soudain des blocs de béton de plusieurs tonnes, restes du barrage, véritable plaie béante semblant s'accrocher désespérément à la roche blessée. La nature autour du Reyran a repris ses droits et semble indifférente au drame passé.

Deux autres circuits permettent de voir les ruines du barrage de Malpasset. Ils sont décrits dans un document fourni par l'office de tourisme de Fréjus.

OFFICE DE TOURISME DE FRÉJUS
325, rue Jean-Jaurès 83600 Fréjus
• Tél. : 04 94 51 83 83 • Mail : tourisme@frejus.fr • www.frejus.fr

LA MOSQUÉE MISSIRI

4

Rue des Combattants-d'Afrique-du-Nord, RD4, 83600 Fréjus
• La mosquée n'est pas accessible [grillages, barbelés] mais est visible de l'extérieur

« *Une mosquée construite par les tirailleurs sénégalais* »

L'initiative des soldats indochinois servant dans l'armée française qui avaient construit une pagode pour pouvoir pratiquer leur culte (voir page 151) fut imitée un peu plus tard par les tirailleurs sénégalais de confession musulmane.

Achevée en 1930, la mosquée est la copie, en un peu plus petit, de la mosquée Missiri de Djenné, ville du Mali dans la moyenne vallée du Niger. Elle vit le jour grâce au capitaine Abdel Kader Madenba qui n'hésita pas à aller se plaindre auprès du colonel Lame : « Les Annamites ont leur temple, les Malgaches leur théâtre, mais pour nous, les Sénégalais, rien. » L'environnement de la mosquée fut même agrémenté de cases africaines et de fausses termitières réalistes...

À VOIR AUX ALENTOURS

LES ATLANTES DE LA RUE SIÉYÈS

5

53, rue Siéyès 83600 Fréjus

Lorsque l'on emprunte la rue Siéyès à Fréjus, il est difficile de rater l'extraordinaire porte encadrée de deux immenses atlantes supportant des charges de portefaix (l'appellation des dockers à cette époque). Contrairement à la norme, ces atlantes ne supportent pas de balcon, l'édifice n'en comportant pas. Construit au XVIIe siècle par le lieutenant général de l'amirauté de Fréjus, François Vaixière (lieutenant de 1665 à 1687), cet hôtel particulier a aussi la particularité de posséder des atlantes dits « engainés », leur partie inférieure étant prise dans une gaine.

Enfin, un examen attentif de cet encadrement de porte exceptionnel surprend davantage : le visage qui se trouve juste au-dessus du centre de la porte ressemble plus à un faune (créature incarnant la force vitale de la nature se référant au satyre grec) qu'à un humain « normal », et... il tire la langue.

ATLANTES ET CARIATIDES

Il est d'usage d'appeler atlantes les statues d'hommes et cariatides celles de femmes. Les atlantes font référence à Atlas, dieu qui portait le monde sur ses épaules.

Les cariatides, elles, doivent leur nom aux femmes de Caryes, ville de Grèce dans le Péloponnèse. S'étant alliés aux Perses lors des guerres médiques [entre la Perse et la Grèce], les habitants de cette ville furent exterminés par leurs compatriotes. Leurs femmes furent réduites en esclavage et condamnées à porter de lourds fardeaux.

Selon une autre hypothèse, le nom de cariatides, du grec *karuatides*, proviendrait du fait que les femmes de la ville de Karue avaient été enlevées à la destruction de la ville et avaient servi de modèle à des statues.

LA PAGODE BOUDDHIQUE HÔNG HIÊN

6

13, rue Henri-Giraud 83600 Fréjus
• Tél. : 04 94 53 25 29 • Mail : pagodehonghien@yahoo.com
• Ouverte tous les jours de 9h à 12h et de 14h à 18h (17h de septembre à avril)
• Entrée : 1,50 €, gratuit pour les moins de 7 ans

« Le plus grand bouddha couché d'Europe

Si l'on se penche sur le passé militaire de Fréjus, la présence d'une pagode bouddhique dans cette ville n'a en fait rien de surprenant. Lorsque la France enrôlait dans son armée un grand nombre d'hommes originaires des colonies, il n'était pas évident de les préparer à combattre dans un environnement climatique si éloigné de leur région d'origine. Fréjus servait alors de transition entre les climats souvent chauds et humides des possessions coloniales et celui, glacial, des champs de bataille. C'est ainsi que nombre de Vietnamiens venus combattre aux côtés des Français pendant la Première Guerre mondiale séjournèrent ici.

Afin de trouver sur place un lieu de culte correspondant à leurs croyances, les soldats du 4e régiment d'infanterie coloniale décidèrent en 1917 de construire la pagode Hông Hiên. Transformée et agrandie en 1972, celle-ci est située tout près du Mémorial des guerres en Indochine où reposent les corps rapatriés, depuis 1987, des civils et militaires morts en service commandé en Indochine.

La visite permet de se promener uniquement dans le jardin, l'accès à l'intérieur étant réservé aux pratiquants bouddhistes. La statue la plus spectaculaire est le bouddha allongé (le plus grand bouddha couché d'Europe), long de 10 mètres et construit en béton. Le long des chemins, des personnages de la mythologie bouddhique accompagnent le promeneur et surprennent par leurs couleurs très vives. Enfin, la cloche monumentale domine le passant du haut de ses 2,50 mètres et de son poids de deux tonnes.

MENHIRS, DOLMENS
ET PIERRE GUÉRISSEUSE À SAINT-RAPHAËL

7

Un menhir guérisseur

Saint-Raphaël compte un certain nombre de vestiges préhistoriques pas toujours faciles à trouver dans ce paysage très urbanisé. Quatre d'entre eux, datant de la période néolithique (il y a entre 6 000 et 2 300 ans), méritent une visite.

Le menhir d'Aire-Peyronne est un bloc de porphyre rouge de 2 mètres de haut gravé de 200 cupules. Ces trous creusés de main humaine seraient les plus anciens signes que l'homme ait tracés sur la pierre. Autrefois, ce monolithe était appelé « la pierre guérisseuse », des propriétés bienfaisantes lui ayant été attribuées depuis des siècles. On raconte à l'inverse qu'une jeune femme, docteur en médecine, se fit photographier assise sur le sommet du menhir avec le sourire narquois de ceux « qui n'y croient pas ». Elle fut prise le lendemain de douleurs lancinantes et inexplicables à l'endroit même où elle avait été en contact avec la pierre…

Le menhir des Veyssières, au rond-point de Veyssières, au début du boulevard Kennedy, est légendé par un panneau : « Monument cultuel en grès permien, érigé à l'époque chalcolithique, il y a 4 500 ans ».

Après diverses péripéties dont un déplacement à Draguignan, l'autre menhir des Veyssières a aujourd'hui regagné Saint-Raphaël. Il est dans la cour du musée d'Archéologie sous-marine et de Préhistoire. Une tête humaine et un serpent sont sculptés sur l'une des faces.

Enfin, le dolmen de Valescure est composé de six grandes dalles sans table et se trouve dans le jardin de l'hôtel Latitudes. Il suffit de se présenter à la réception et l'on vous indiquera aimablement le chemin.

En breton dolmen signifie « table de pierre » et menhir « pierre longue ».

Menhir d'Aire-Peyronne : RD100, 83700 Saint-Raphaël
• Accès : depuis le rond-point de l'Aspé (à côté du cimetière du même nom), prendre la RD100 (route en impasse) en direction de la carrière du grand Caous. À la carrière, compter 1,5 kilomètre. D'un petit col partent deux chemins l'un à gauche, l'autre à droite, fermés par des barrières. Le menhir est sur le chemin de droite à quelques mètres.

Menhir des Veyssières : Rond-point de Veyssières 83700 Saint-Raphaël
• En bordure du rond-point

Deuxième menhir des Veyssières : Musée d'Archéologie sous-marine et de Préhistoire, Place de la Vieille-Église 83700 Saint-Raphaël, Tél. : 04 94 19 25 75
• Ouvert du mardi au samedi de 9h à 12h30 et de 14h à 17h30. Fermé dimanche, lundi et jours fériés. Juillet et août de 10h à 12h30 et de 14h30 à 19h. Jeudi fermeture à 21h, dimanche fermeture à 18h. Fermé lundi et jours fériés. Fermeture annuelle en novembre • Entrée libre

Dolmen de Valescure : Hôtel Latitudes Boulevard Darby Valescure 83700 Saint-Raphaël • Tél. : 04 94 52 68 00

LES MARGUERITES

8

DE LA BASILIQUE NOTRE-DAME-DE-LA-VICTOIRE-DE-LÉPANTE

Place du Parvis-Jean XXIII Boulevard Félix-Martin 83700 Saint-Raphaël
• Visite guidée : La Belle Époque à Saint-Raphaël, Circuit des belles demeures
• Renseignements et inscriptions à **l'office municipal de tourisme**
Quai Albert-Ier BP 210, 83702 Saint-Raphaël Cedex
• Tél. : 04 94 19 52 52 • Mail : information@saint-raphael.com

« Une marguerite en guide de signature

La taille imposante de la basilique Notre-Dame-de-la-Victoire-de-Lépante représente bien l'état d'esprit de Saint-Raphaël en cette fin du XIXe siècle. Achevé en 1883 dans un style néo-byzantin, l'édifice porte son nom à la demande de Pierre Aublé, son architecte. Issu d'une vieille famille lyonnaise, celui-ci naquit cependant à Rhodes, île qui joua un rôle dans la célèbre bataille de Lépante (voir encadré). Celle-ci fut remportée en 1571 par la coalition des pays chrétiens sauf la France. Pierre Aublé faisait partie de cette génération d'ingénieurs chargés de surveiller au Moyen-Orient les grands chantiers coloniaux. À son retour en France, il fut recruté par Félix Martin, maire de Saint-Raphaël, qui avait pour ambition de faire de la ville une nouvelle et prestigieuse station balnéaire, renvoyant ainsi Fréjus à ses ruines romaines. Pierre Aublé, par nécessité, devint architecte et construisit, outre la basilique, plus de 150 villas (dont seules 40 subsistent). Leurs constructions se ressemblent et sont de style dit « para-palladien » en référence aux villas classiques de l'architecte italien de la Renaissance, Palladio. Aublé utilisait largement les colonnades, les loggias, les escaliers et les motifs antiques et ornait les corniches de frises peintes.

À l'instar de nombreux architectes, Pierre Aublé tint à apposer sa signature sur ses édifices. Il le fit de manière subtile : dans chacune de ses constructions, on retrouve une ou plusieurs marguerites, fleur qui est également le prénom de son épouse…

Ici, les marguerites sont en mosaïque et ornent le sol de la travée centrale.

LA BATAILLE DE LÉPANTE

Cette bataille pour l'hégémonie en Méditerranée, opposa la flotte chrétienne, composée des navires espagnols, vénitiens, génois, pisans, ainsi que de ceux des Chevaliers de Malte, à la flotte ottomane.
La bataille fut une déroute totale pour la flotte turque qui perdit 260 navires sur les 300 qui la composaient, 30 000 hommes et 39 étendards.
La France, alliée de l'empire Ottoman, connut alors une défaite. Cet événement explique pourquoi il n'y a pas de rue de Lépante dans les villes françaises… sauf à Nice, ville italienne jusqu'à son rattachement à la France en 1860.

Une basilique est une église catholique qui a été honorée par un événement particulier (miracle, lieu de pèlerinage, …). Seul le pape peut élever une église au rang de basilique.

LA COMMUNE LIBRE DES TEMPLIERS

9

Mairie de la Commune Libre des Templiers
54, rue des Templiers
83700 Saint-Raphaël
• Tél. : 04 94 82 25 05 / 06 80 73 04 43

> *Une commune plutôt loufoque*

Depuis 1998, il existe à Saint-Raphaël une commune libre qui ne semble pas vouloir opter pour le séparatisme mais plutôt pour instaurer dans la ville un état d'esprit fortement marqué par la loufoquerie. Adhérente de la Charte des Communes Libres dont font partie Belleville et Montmartre à Paris, la « CLT », comme on l'appelle ici, s'est donnée pour mission d'initier les étrangers aux rites locaux et de dilater la rate de leurs concitoyens.

Parmi les nombreuses manifestations organisées par la CLT notons d'abord la Transat en sanitaire, course nautique dont le règlement stipule que l'embarcation doit être une baignoire. Une autre compétition très prisée est la course des lits où les pilotes, nécessairement allongés, n'ont pas le droit de dormir. Et bien sûr, il ne faut pas manquer de signaler le fameux concours de boules carrées (voir page 131 Cagnes-sur-Mer) où les gagnants ne tournent pas toujours rond !

Toutes ces manifestations ont pour finalité commune une grande convivialité partagée dans les banquets qui concluent invariablement ces compétitions burlesques. Mais l'association propose également une véritable activité pédagogique puisque des cours de langue provençale ou de galoubet (flûte traditionnelle provençale) ont lieu chaque semaine. Notons cependant que parmi ces activités « sérieuses » se glissent des disciplines un peu plus décalées comme les ateliers de travail pour la construction d'engins non-identifiés (baignoires flottantes, vélos sans roue, autruches, etc.).

La « Commune » a marqué son territoire autour de la rue des Templiers (qui doit son nom au fait qu'elle se trouve devant l'église des Templiers actuellement en restauration) et quelques plaques de rue attestent de son existence réelle. L'une d'elles se moque même gentiment des plaques officielles qui rendent hommage aux héros de la Résistance.

Détail de la façade du local de l'association

ÎLE D'OR

10

83700 Saint-Raphaël

L'île noire de Tintin ?

En découvrant l'île d'Or, située à quelques encablures du rivage à l'est de Saint-Raphaël, au niveau de la plage du Dramont, un lecteur assidu de Tintin pensera immanquablement à la couverture de l'album *L'île Noire* d'Hergé, mais d'autres associent plutôt l'île Noire au phare de Morlaix en Bretagne.

Vendue aux enchères par l'État en 1897, l'île d'Or a été adjugée à un certain Monsieur Sergent pour 280 francs. On raconte qu'après une bouillabaisse très arrosée, ce dernier la joua aux cartes et la perdit. C'est son nouveau propriétaire, le docteur Auguste Lutaud qui construisit la tour sarrasine, sur un plan carré, alors que la grande majorité des tours de la région étaient, conformément au modèle génois, de forme ronde. En 1912, son œuvre réalisée, le docteur Lutaud s'autoproclama « roi de l'île d'Or » sous le nom d'Auguste Ier. Il frappa monnaie et émit des timbres. Après sa mort (ses cendres se trouvent sur l'île, face au large), monsieur François Bureau, officier de marine, acheta l'île en 1961. Il périt en faisant son tour du propriétaire quotidien à la nage.

L'île est aujourd'hui toujours privée et ses propriétaires, lorsqu'ils y résident, hissent un pavillon pour indiquer que la tour est habitée. Aucune desserte de l'île n'est assurée et les propriétaires demandent à ceux qui y débarqueraient cependant de ne pas y laisser des papiers gras et autres déchets.

À VOIR AUX ALENTOURS

UN VOLCAN SUR LA PLAGE : LES ROCHERS DE LA BATTERIE DES LIONS

11

Chemin du littoral 83700 Saint-Raphaël
• Accès par le parking juste après le port de Santa-Lucia. Les rochers se trouvent au tout début du chemin piétonnier du littoral

Les îlots du « Lion de terre » et du « Lion de mer », que l'on peut observer au début du chemin du littoral, possèdent des motifs géométriques surprenants. Ces prismes, qui ressemblent à des tuyaux vus de profil ou à un mur de pierres régulières vu de face, sont en fait des blocs de lave solidifiée, l'activité volcanique de la région (il y a quelque 60 millions d'années) ayant fait s'échapper de la lave à travers des cheminées. Cette pierre appelée « trachyte » est cousine de la rhyolite (voir page 158 la carrière de meules en rhyolite de Bagnols-en-Forêt).

TAILLERIES DE MEULES DE BAGNOLS

12

GR51, 83600 Bagnols-en-Forêt

L'office de tourisme de Bagnols-en-Forêt peut fournir un plan ainsi qu'un fascicule consacré aux meules et à la technique du broyage des grains et des olives. • Accès : compter environ 2 heures aller-retour à pied pour visiter la taillerie de meules. De bonnes chaussures sont conseillées. Pour accéder au site depuis Bagnols-en-Forêt, prendre la RD47 vers la chapelle Notre-Dame. Se garer sur le parking du cimetière juste après la chapelle et suivre la large piste interdite au trafic automobile. 900 mètres après, tourner à droite à l'embranchement fléché « Tailleries de meules et col de la Pierre de Coucou ». Au col, tourner à droite en empruntant le GR51 et monter en suivant le panneau indiquant la carrière de meules. Après une bonne montée, les premières meules apparaissent à droite et à gauche du GR.

Meule dort...

Le site de la taillerie de meules de Bagnols est particulièrement émouvant. Les meules en cours d'extraction ont été laissées sur place, sur leur gangue rocheuse, comme si les carriers avaient été surpris en plein travail et avaient dû l'interrompre précipitamment. Une dérivation du GR sur la gauche conduit à un balcon dominant Fréjus et le rocher de Roquebrune. C'est là que se trouvent les deux plus « belles » meules : d'un diamètre de 60 centimètres, elles datent de l'époque gallo-romaine et étaient destinées à des moulins à grains familiaux. La plupart des autres meules visibles, d'un diamètre de 90 à 160 centimètres, étaient utilisées dans des moulins à huile ou à blé. On trouve aussi des cuvettes de meules prélevées, qui peuvent être considérées comme leur « négatif ».

Le site a été exploité jusqu'au Moyen Âge, probablement jusqu'en 1393, année pendant laquelle le village a été déserté pour cause d'épidémies et de pillages. La production aurait repris du XVe au XVIIIe siècle. C'est l'importation massive de meules venant d'Espagne (on les appelait les « Barcelone »), de Hollande et de Savoie, qui causa l'arrêt définitif de l'exploitation de la taillerie de Bagnols. De moins bonne qualité car en pierre plus tendre, elles duraient moins longtemps, mais coûtaient six fois moins cher…

(*) La rhyolite est une pierre volcanique dont la variété amarante constitue la roche majeure du massif de l'Estérel. Elle est équivalente au granit en dureté.

OFFICE DE TOURISME DE BAGNOLS-EN-FORÊT
Place de la Mairie 83600 Bagnols-en-Forêt
• Tél. : 04 94 40 64 68 • Mail : bagnols-en-foret.tourisme@wanadoo.fr
• www.officedetourismebagnolsenforet.com

À VOIR AUX ALENTOURS

L'AQUEDUC DE FONDURANE

13

Chemin de Fondurane 83440 Montauroux

Accès : prendre le chemin de Fondurane qui part de la RD562 au niveau des pompes funèbres Collomi et du magasin de bricolage Ciffréo Bonna. Aller jusqu'au parking où se trouve un panneau d'information de la réserve biologique de Fondurane. Laisser la voiture et revenir en arrière sur la route jusqu'à une petite rambarde sur la gauche. L'aqueduc passe juste en dessous et disparaît ici en souterrain. L'état végétal et l'absence totale d'entretien nécessiteraient une machette pour se frayer un chemin, mais l'on voit bien une section d'une largeur d'environ un mètre et l'entrée du souterrain qui va se perdre dans le lac de Saint-Cassien.

L'aqueduc de Fondurane est l'aqueduc primitif de Fréjus (Forum Julii) qui acheminait en ville l'eau de la source de La Foux. Par la suite, le débit de cette source devint insuffisant pour une ville en pleine expansion ce qui conduisit à la captation de la source de la Siagnole à Mons (voir page 163). C'est juste un peu avant la section qui est visible, que l'aqueduc de la Siagnole faisait sa liaison avec celui de La Foux, le lieu exact n'ayant jamais pu être mis à jour. Il n'est pas non plus exclu que d'autres aqueducs secondaires encore aujourd'hui inconnus aient contribué à alimenter l'aqueduc principal.

POUR EN SAVOIR PLUS

Un site Internet réalisé par Monsieur Vito Valenti présente une étude passionnante et très complète sur l'aqueduc de Fréjus : http://traianus.rediris.es/textos/frejus_fr.htm

LE COCHON PORTE-BONHEUR

14

Tour de l'Horloge
Rue du Château
83440 Callian

Un cochon poli par des milliers de mains

Callian, magnifique village typique du Var, est construit en colimaçon autour d'un château médiéval (privé) remanié au XVIIe siècle. L'une des deux tours de l'édifice abrite une horloge qui lui a donné son nom. À sa base, une porte dont on ne remarque pas forcément l'ornementation du linteau arbore une tête de cochon. Son groin a été poli par les milliers de mains qui l'ont caressé car, comme en atteste un petit panneau accroché à côté, le museau porterait bonheur… :

« Ô toi qui viens de loin,
Si tu frottes mon groin,
À coup sûr, très grand bien
À jamais sera tien ».

En 1958, Henri Briffaut, précepteur de Baudouin roi des Belges, du temps où ce dernier était jeune prince, eut un coup de foudre pour les ruines du château de Callian. Il se porta acquéreur de celui-ci et le restaura avec respect et goût, ce qui lui valut plusieurs récompenses. Peintre, écrivain et sculpteur, Henri Briffaut a également placé çà et là quelques exemplaires de sa création : animaux imaginaires disposés le long de ses remparts, sortes de gargouilles contemporaines oniriques mais aussi, devant la petite porte du château, rue de Lyle, un chevalier de pierre portant la croix potencée (voir encadré), ainsi que, évidemment, la tête de cochon réaliste de la porte de la tour de l'Horloge.

LA CROIX POTENCÉE

Appelée aussi croix de Jérusalem, la croix potencée représente les potences des premiers temps du christianisme. Elle fut adoptée comme insigne par les chevaliers hospitaliers de Saint-Jean de Jérusalem. Les scouts de France portent la croix potencée en souvenir du lieu où naquit le christianisme (Jérusalem).

MONS ET MERVEILLES

15

9, rue du Costillon 83440 Mons
• Tél. : 04 94 76 35 66
• Ouvert tous les jours sauf les jours où c'est fermé... mais c'est rare !

Le roi des allumettes

Chez Mons et merveilles, les fabuleuses maquettes de bateaux en allumettes (usagées) du magasin, œuvres de Robert Audibert, impressionnent toujours.

C'est en 1948 qu'est née chez ce garçon, alors âgé de 11 ans, la passion des allumettes. Il construisit d'abord un chalet, qu'il montre encore avec émotion, puis un train, et s'attela ensuite à ses premiers bateaux. Aujourd'hui, après 58 ans de loisirs (comme il aime à le dire), il goûte une retraite active dans son magasin atelier où il continue à échafauder puis réaliser des projets de plus en plus fous. Toutes les maquettes sont fabriquées avec les seules allumettes usagées qu'il récupère auprès de tous ceux qui les gardent pour lui. Un peu de colle et le tour est joué, enfin presque… car pour la maquette de l'Hermione, par exemple, la frégate que l'on est en train de reconstituer grandeur nature à Rochefort, Robert Audibert a tout de même passé près de 1 720 heures à l'échelle 1/75e, utilisant 4 480 allumettes.

On peut également contempler la maquette de l'Astrolabe – le bateau de La Pérouse –, du Clemenceau, de la Jeanne d'Arc, des trois caravelles de Christophe Colomb, le tout réalisé avec une précision stupéfiante, compte tenu de la matière première assez fruste qu'il utilise.

Son chef-d'œuvre incontestable reste néanmoins la maquette de son très beau village de Mons qu'il présente de jour comme de nuit à la lumière de l'éclairage public. Enfin, la pièce la plus insolite est probablement son autoportrait, saisissant.

À VOIR AUX ALENTOURS

LA ROCHE TAILLÉE
LE POINT DE DÉPART DE L'AQUEDUC DE FRÉJUS

16

RD56 83440 Mons
Accès : depuis Mons, emprunter la RD56 en direction de Callian. La Roche Taillée se trouve à 8 kilomètres à gauche.

Si l'on connaît les spectaculaires vestiges de l'aqueduc qui reliait Mons à Fréjus (et que l'on visite à Fréjus), on connaît moins son point de départ. Près de la ville de Mons, à 40 kilomètres de Fréjus, les bâtisseurs de l'aqueduc, afin de franchir l'obstacle naturel constitué par une immense masse rocheuse, ont percé une brèche de 50 mètres de long sur 3 mètres de large et 10 mètres de haut. Le site est à la fois spectaculaire et émouvant : les empreintes laissées par les outils utilisés à la seule force du poignet sont encore visibles. Dans la partie centrale de ce « canal », un tunnel régule le débit de l'eau. L'objectif de l'aqueduc était d'acheminer l'eau de la Siagnole, dont la source est toute proche, jusqu'à Fréjus.

LES PUITS DE LA VIERGE

17

Chemin des Puits
06530 Saint-Cézaire-sur-Siagne

D'anciens puits romains ?

En dessous du village de Saint-Cézaire-sur-Siagne, l'œil est attiré par un groupe de neuf puits à eau. Quatre d'entre eux sont couverts par une voûte hémisphérique et devaient sans doute être destinés à l'approvisionnement des hommes tandis que les autres, à margelle basse, entourés d'auges et équipés de crochets dans la pierre, servaient plutôt à abreuver les animaux. Auparavant appelé « puits romains » (même s'ils ont été restaurés entre les XVIe et XVIIIe siècles), le groupe de puits a été rebaptisé « puits de la Vierge » à l'occasion de l'édification d'une colonne dédiée à la Vierge en 1865.

Les puits sont alimentés par une nappe phréatique qui arrive parfois jusqu'à l'herbe en surface, ce qui expliquerait leur nombre pour « couvrir » la superficie de l'affleurement. C'est aussi pourquoi l'ensemble est visible mais inaccessible car protégé par un grillage.

À VOIR AUX ALENTOURS

L'ÉPITAPHE DE PROSPER MERLE

18

Vieux cimetière de Peymeinade
Rue Louis-Jeaume 06530 Peymeinade

Au fond à droite du vieux cimetière de Peymeinade, se trouve la tombe de Prosper Merle. Sur la dalle simple à deux pans, on lit l'épitaphe d'un citoyen ultra républicain : « Adieu citoyen, adieu. Rappelez-vous où un ami vous attend. Et n'oubliez pas mes dernières paroles : ni clergé ni empereur ni roi. Vive la République. Toutes les religions ne sont qu'un fanatisme superstitieux qui sert à exploiter le genre humain ; le vrai Dieu c'est la loi naturelle de l'infini qui a toujours existé et qui existera toujours. Ici dort du sommeil du juste le républicain Prosper Merle de Spéracèdes-la-Ravanelle. Né le 12 juillet 1838. Décédé le 25 novembre 1920 ; enterré civilement. »

UNE STATUETTE DE SAINT-ROCH

19

PLace Gervais-Court 06530 Peymeinade

Place Gervais-Court, au-dessus de la porte de l'église du village, se trouve une statuette de Saint-Roch en plâtre polychrome. Le saint est représenté avec un bâton de marche (le bourdon) dans la main droite, montrant de sa main gauche le bubon de peste sur son genou, indiquant qu'il a survécu à la meurtrière maladie. Abritée dans une niche grillagée, cette représentation est assez courante dans le sud de la France, où le saint était très sollicité en protection des nombreuses épidémies qui ont décimé la région.
Face à l'église, le côté aveugle d'une jolie maison est en fait un étonnant trompe-l'œil.

ADE
TIRITO
VERAN
PERRIER
ROUX
ROMAN

LE PETIT MUR DES CONSCRITS

20

Angle de l'avenue Sidi-Brahim et de la rue Martine-Carol 06130 Grasse
• Le mur se trouve en face de l'arrêt de bus Les Micocouliers et du tennis de l'hôtel Mercure, dans le recoin qui part vers une maison privée.

> **D'émouvants témoignages de ceux qui partaient faire la guerre**

Il faut de bons yeux pour découvrir les petites marques gravées dans le mur en face de l'arrêt de bus Les Micocouliers. Dans cette avenue qui se trouve sur le chemin de l'une des casernes de Grasse, sur des écussons inversés, gravés dans la pierre, on peut lire les noms de ceux qui, faisant partie de la même classe, ont voulu laisser une marque de leur départ à l'armée ou… à la guerre. Une croix surplombée par un cœur sépare l'écusson en deux colonnes. Sur l'une des gravures apparaissent un cor et une trompette ainsi que les noms de ceux qui, compte tenu de la dureté de la pierre, ont sans doute mis un certain temps à effectuer ce travail.

À VOIR AUX ALENTOURS

LA MAISON TOURNAIRE : UN FAUX MONUMENTAL

21

Place de la Roque 06130 Grasse

Albert Tournaire, architecte niçois lauréat du grand prix de Rome au tempérament farceur, fit le pari de faire classer monument historique du XIVe siècle une fausse façade qu'il avait plaquée sur une maison du XVIIIe. Il réussit son coup puisqu'un arrêté du 21 octobre 1932 a validé le classement avec quatre siècles d'erreur.

LA CANNE DU DONJON

22

Place Francis-Paulet
06620 Le Bar-sur-Loup

Gravée dans le donjon, la canne était une référence de mesure pour les habitants

Haute de sept étages, la base du donjon du château (disparu) se dresse sur la place principale du Bar-sur-Loup. Déjà mentionnée en 971 dans un document de l'abbaye de Lérins, sa partie supérieure a été détruite à la Révolution pour effacer les traces de l'Ancien Régime. Si l'on observe le mur juste à gauche de la porte de l'office de tourisme, hébergé dans le donjon, on peut pourtant y voir un symbole fort, oublié des censeurs révolutionnaires : une canne, mesure en usage avant l'adoption du système métrique républicain, est scellée dans la paroi.

En 1235, les comtes de la seigneurie du Bar furent autorisés à battre monnaie et à établir leur propre système de mesure. Dans une France féodale où chaque seigneur réglait les mesures selon ses propres intérêts, la cacophonie des poids et mesures était réelle. L'utilité de présenter aux négociants ambulants l'étalon du lieu était essentielle et c'est ainsi que l'on exposa la canne du Bar afin que l'on puisse s'y référer.

La canne mesurait entre 1,71 mètres et 2,98 mètres dans le royaume de France mais autour de 1,98 mètres en Provence : 2,01 mètres à Marseille et 1,88 mètres à Nice quand celle du Bar-sur-Loup mesurait 1,80 mètres.

LE SYSTÈME MÉTRIQUE

C'est le 1er août 1793 que la Convention adopta le système métrique pour remplacer les unités de mesures de l'Ancien Régime. Celles-ci, caractérisées par leur archaïsme, provenaient d'us et coutumes locaux pluri-millénaires. Par ailleurs, les conversions d'une mesure à l'autre étaient complexes et dépourvues de toute logique, aussi était-il illusoire de se baser sur une unité « nationale » ou, encore plus, « européenne », ce qui était un handicap pour le commerce. Pour les mesures des distances, on comptait par exemple en points, pouces, lignes, toises, pied-de-roi, perche-du-roi ou perche ordinaire, arpents, lieues (ancienne, de Paris ou des Postes...).

Le 3 messidor an VII (22 juin 1799), les deux étalons en platine du mètre et du kilogramme furent déposés aux Archives. En 1875 fut également créée la CGPM (Conférence générale des poids et mesures) qui donna le nom de système international d'unités (SI) au système métrique décimal en 1960.

"L'école des filles"

LE RESTAURANT L'ÉCOLE DES FILLES

23

380, avenue Amiral-de-Grasse 06620 Le Bar-sur-Loup
- Tél. : 04 93 09 40 20
- Fax : 04 93 42 94 97
- Mail : ecoledesfilles@wanadoo.fr
- www.restoecoledesfilles.fr

« Un restaurant dans une école

Installé dans le bâtiment de l'ancienne école des filles du village, le bien nommé restaurant L'École des filles a conservé sa décoration d'origine : murs chargés de tableaux, de cartes et de souvenirs de l'école laïque. Le patron vous racontera la vie de Célestin Freinet (voir ci-dessous) et vous servira une cuisine provençale et légère. Le restaurant a reçu le label « cuisine niçoise » : les raviolis à la daube, les farcis et la salade niçoise sont garantis conformes à la tradition.

À VOIR AUX ALENTOURS

L'ÉCOLE DE CÉLESTIN FREINET

24

Mairie
Place de la Tour 06620 Le Bar-sur-Loup

C'est dans l'école du village que Célestin Freinet (1896-1966) a expérimenté au début des années 1920, ce qui deviendra l'essentiel de sa pédagogie : la méthode Freinet. Sa salle de classe étant devenue une salle du conseil municipal, seule une plaque posée à l'entrée de la mairie témoigne de cette expérience.

LA PÉDAGOGIE FREINET

Célestin Freinet (1896-1966) a expérimenté au début des années 1920 dans son école du Bar-sur-Loup (voir plus haut), ce qui deviendra l'essentiel de sa pédagogie. Son enseignement favorise l'expression et la communication, le travail individualisé, l'autonomie, le tâtonnement expérimental (pédagogie de l'erreur), l'organisation coopérative de la classe (chacun peut y trouver un rôle à jouer) ainsi qu'une plus grande responsabilité de la part de l'élève. Il refuse le manuel et le « bourrage de crâne », fait connaître ses initiatives par la presse et tisse un réseau de correspondants. Son école est organisée comme une véritable communauté où les enfants appellent « papa » et « maman » le couple Freinet. Activités manuelles, participation à l'emploi du temps et rédaction d'un journal de classe font partie des innovations de la méthode. On retiendra notamment le principe suivant de Freinet : « On prépare la démocratie de demain par la démocratie à l'école. » Pour plus d'informations consulter le site Web : www.icem-freinet.info. Célestin Freinet a également enseigné à Saint-Paul-de-Vence et à Vence où il a créé sa propre école privée.

LA CHAISE À SEL DU MUSÉE HISTORIQUE DE GOURDON

25

Château de Gourdon 06620 Gourdon
• Tél. : 04 93 09 68 02 • Fax : 04 93 09 68 97
• Mail : chateaudegourdon@hotmail.com • www.château-gourdon.com
• Ouvert de juin à septembre de 11h à 13h et de 14h à 19h, d'octobre à mai de 14h à 18h sauf le mardi

> **Un témoin de l'ingéniosité des fraudeurs contre l'impôt sur le sel**

Célèbre pour sa beauté, sa situation « en balcon » sur les gorges du Loup, ses jardins et ses deux musées, le château de Gourdon héberge dans son musée historique quelques pièces étonnantes.

La chaise à sel, sur laquelle on faisait asseoir souvent la grand-mère, permettait de cacher le sel du regard du gabelou, le douanier chargé de la répression des fraudes sur le sel. Placée près de la cheminée, elle permettait en outre de garder le sel bien au sec.

Dans le musée qui présente des tableaux originaux très connus, on remarquera notamment le triptyque de Barent Van Orley et son volet de droite nommé *La circoncision*. La Fête de la Circoncision du Seigneur a été supprimée du calendrier lithurgique catholique en 1970 après le Concile de Vatican II.

Autre tableau emblématique, le panneau de la légende de Sainte-Ursule représentant la sainte avec 11 000 vierges. Cette légende semble venir d'une erreur d'interprétation : demandée en mariage par un prince païen germanique, Ursule, voulant rester vierge et chrétienne, s'enfuit avec dix amies, vierges elles aussi. Jetées sur une rive du Rhin par une tempête, elles furent capturées par les Huns, martyrisées et mises à mort pour ne pas avoir voulu trahir leur foi. Lorsque l'on trouva une pierre gravée faisant référence à l'histoire d'Ursule en 1155, on interpréta le chiffre « XIMV » comme établissant le nombre de vierges accompagnant Ursule à 11 000 au lieu de onze pour « XI », le « M » étant l'abrégé de martyres et le « V » celui de vierges.

LA GABELLE

Issu de l'arabe *kabala* qui signifie « taxe », le mot « gabelle » fut appliqué à l'impôt sur le sel en Franche-Comté dès le XIVe siècle, le roi étant considéré comme le propriétaire du sol et donc du sel. La gabelle, au gré des augmentations de prix du sel fixées par Colbert, devint pendant quatre siècles et demi un impôt de plus en plus rentable et de plus en plus impopulaire. Malgré les sanctions contre les « faux-sauniers » (les contrebandiers du sel) – années de galère et même peine de mort – le peuple utilisa tous les moyens possibles pour éviter l'impôt. Le clergé, la noblesse, les officiers royaux et les membres de l'Université bénéficiant d'une importante ristourne, on estime que la gabelle fut l'un des éléments ayant participé au contexte révolutionnaire. La gabelle a été abolie en 1790 par l'Assemblée constituante.

Flayosc
Trans-en-Provence
La Motte
Le Muy
Lorgues
Ste-Roseline
Taradeau
Les Arcs
Vidauban
Roquebrune-sur-Argens
Puget-sur-Argens
Fréjus
La Bouverie
Zoo
le Canaver
Argens
fin 2007
Forêt des Arcs
M A U R E S
D E S
Col de Valdingarde
Les Baux
Étang de Villepey
St-Ay
Le Cannet-des-Maures
Col de Gratteloup
Col de Bougnon
Val d'Esquières
Les Issa
San-Peïre-s-Mer
La Garonette
La Nartelle
Cap des Sardinaux
Autodrome du Var
La Moure
Plan-de-la-Tour
Col de Vignon
Forêt de la Garde-Freinet
La Garde-Freinet
Courruero
Ste-Maxime
Les Mayons
Roches Blanches
Beauvallon
Golfe de St-Tropez
ST-TROPEZ
St-Pons-les-Mûres
Grimaud
Port-Grimaud
Cap de St-T
Col des Fourches
La Sauvette
Les Salins
Marines-de-Cogolin
Cogolin
Anse de Pampelonne
Col de Taillude
Gassin
Pampelonne
Collobrières
Monastère de la Verne
Ramatuelle
Moulins de Paillas
La Môle
La Croix-Valmer
Col de Babaou
Forêt du Dom
Les Pradels
Col de Collebasse
Cap Camarat
L'Escalet
Gigaro
La Bouillabaisse
Baie de Cavalaire
Cap Taillat
Col du Canadel
Col de Gratteloup
Rayol-Canadel-sur-Mer
Col de Caguo-Ven
Le Rayol
Cavalaire-sur-Mer
Cap Lardier
Bormes-les-Mimosas
Aiguebelle
Cavalière
Domaine du Rayol
Pramousquier
St Clair
Cap Nègre
Le Lavandou
Corniche des Maures
La Favière
Cabasson
Cap Bénat
égançon
D'HYÈRES
Île du Levant
Île de Bagaud
Heliopolis
Port-Cros
Île de Port-Cros (Parc National)
olles

SAINT-TROPEZ ET ALENTOURS

LE TEMPLE D'HERCULE DE CAVALIÈRE

1

Rue du Temple, Cavalière, 83980 Le Lavandou
• L'accès au temple est totalement déconseillé pour des raisons de sécurité et parce qu'il est situé sur une propriété privée. Pour s'en approcher, prendre à gauche au rond-point à l'entrée de Cavalière par le boulevard de l'Hubac-du-Bleu qui devient chemin de l'Hubac-du-Bleu, puis à gauche, la rue du Temple. C'est au bout de cette impasse, dans le lotissement de l'Hubac du Bleu que l'on voit le mieux le temple. En redescendant on croise une traverse à gauche qui amène aussi à un cul-de-sac. De là part un chemin fermé par une barrière rouge et blanche pour l'accès pompier qui mène sous le temple, mais n'y conduit pas.

« Une rare construction néo-grecque

Si de loin le temple d'Hercule au Lavandou semble plus vrai que nature, il ne date en fait que du début du XXe siècle.

C'est à cette époque qu'Arthur Engelfred, ingénieur, amateur d'art et d'archéologie, entama des fouilles à Cavalière pour rechercher des traces de l'ancienne Alconis, comptoir grec dépendant de la colonie de Marseille. Il découvrit alors les fondations d'un petit temple antique sur lesquelles il décida d'établir son musée, copie conforme d'un temple grec, regroupant ses trouvailles archéologiques. C'est un artiste lauréat du prix de Rome, dont malheureusement nous n'avons pu retrouver le nom, qui fournit les deux cariatides ornant la construction, copie plus ou moins fidèle du célèbre trésor de Sifnos édifié à Delphes en 525 avant J.-C.

Lorsque le musée se visitait encore, on dit que l'on pouvait y voir, outre le fruit de ses fouilles personnelles, une lanterne magique pour projeter sur les murs des scènes antiques, un salon de thé et la pierre d'Omphale dont le nombril dissimulé augmentait de 10 ans l'espérance de vie de celui qui le découvrait.

Aujourd'hui le temple se dégrade et aucun projet de restauration n'est en vue. Au Lavandou, où tout se décline visiblement par 12 (les 12 sables des 12 plages, les 12 fontaines), pourquoi ne pas lancer une thématique des « 12 travaux d'Hercule »… ?

À VOIR AUX ALENTOURS

CHAPELLE NOTRE-DAME-DE-CONSTANCE

2

Col de Caguo-Ven, D41, 83230 Bormes-les-Mimosas
Ouvert tous les jours de 15h à 18h Accès par deux chemins pédestres : l'un part du château et est bordé d'oratoires, l'autre part à un kilomètre du village, de la route de Collobrières (petit parking et panneau indiquant la chapelle). Dans les deux cas, compter une demi-heure de marche.

Au-dessus du très beau village de Bormes-les-Mimosas, dans les pins et les surgissements de roches en schiste, la chapelle Notre-Dame-de-Constance est aujourd'hui encore un lieu de pèlerinage très fréquenté : sur des cahiers d'écolier mis à la disposition des pèlerins, on y adresse ses voeux à la Vierge, comme cette étoile juive dessinée avec la mention « Merci de m'avoir acceptée » qui reflète bien l'impression œcuménique qui émane du lieu. Si certains messages sont poignants, tous portent la trace de la sincérité de ceux qui ont gravi la colline pour venir, peut-être plus près du ciel, écrire à la Vierge Marie. Il faut remercier l'association Sauvegarde Vieux-Bormes qui a permis la restauration de la chapelle.

LA CABANE DU CHÂTEAU DE VALMER

3

Hôtel-Restaurant Château de Valmer, Gigaro, 83420 La Croix-Valmer
• Tél. : 04 94 55 15 15 • Fax : 04 94 55 15 10
• www.chateauvalmer.com • Mail : info@chateauvalmer.com
• Tarif de la cabane : de 320 € à 400 € selon la saison

> **« Une chambre d'hôtel de luxe dans un arbre**

Près du village de la Croix-Valmer, sur la presqu'île de Saint-Tropez, le luxueux hôtel-restaurant Château de Valmer occupe l'ancienne maison de maître d'un domaine vinicole et rural du XIXe siècle. La plaquette de présentation de l'hôtel composée d'une vingtaine de photos parle d'elle-même. En plus des 42 chambres de l'hôtel, trois résidences sont disponibles : le Cabanon, le Mas provençal et surtout, la superbe Cabane perchée.

Cette dernière, implantée dans un immense chêne centenaire, se trouve à une certaine distance de l'hôtel et permet ainsi de profiter pleinement du calme de la campagne et des vignes environnantes. La cabane, construite sur mesure, épouse les formes de l'arbre et laisse ses branches s'épanouir tout en traversant la terrasse. L'aménagement intérieur, de style rustique, cossu, est doté de tout le confort d'une hôtellerie de luxe. Sur la terrasse, mobilier de jardin et chaises longues invitent au repos, au calme et à la sérénité.

UNE CROIX DANS LE CIEL

La croix du col de la Croix, Carrefour des Feux
Au croisement des D559 et D93, 83420 La Croix-Valmer

Le nom du village de la Croix-Valmer vient d'un épisode historique que rappelle cette croix implantée dans un petit square au lieudit Col de la Croix. En l'an 312, l'empereur romain Constantin Ier quitta Arles pour aller combattre son rival Maxence qui s'était fait proclamer empereur à Rome. Chemin faisant, l'armée de Constantin établit un camp d'étape à l'emplacement de La Croix-Valmer. C'est là qu'aurait eue lieu l'apparition dans le ciel d'une croix accompagnée de ces mots : « In hoc signo vinces » (« Par ce signe, tu vaincras »). Impressionné par cette manifestation divine, Constantin se serait immédiatement converti au christianisme, convaincu qu'il s'agissait là du présage de sa victoire sur Maxence, qui eut finalement lieu au Pont Milvius, dans les faubourgs de Rome.
À l'emplacement même où aurait eu lieu cette apparition, la croix fut érigée en 1893. La Croix-Valmer a d'ailleurs adopté la phrase emblématique écrite dans le ciel comme devise de la commune.
Les historiens considèrent aujourd'hui que l'anecdote est trop belle pour être vraie et que Constantin ne se serait converti que plus tard au christianisme.

LE MUSÉE DU COQ

4

Demeure-Musée Sellier
46, rue Nationale, 83310 Cogolin
• Tél. : 04 94 54 63 28 • Mail : info@cogolin-provence.com
• Ouvert du mardi au samedi, du 1er juin au 30 septembre de 10h à 13h et de 15h à 18h30, du 1er octobre au 31 mai de 10h à 12h30 et de 14h30 à 17h30
• Entrée : 2,30 € •Gratuit pour les étudiants et les moins de 16 ans

Du coq au lin à Cogolin

Le musée du Coq est, comme son nom l'indique, consacré à ce gallinacé représenté sous les formes et avec les matériaux les plus divers (faïence, fer forgé, verre, bronze, étain, bois). Après la première salle, qui présente un rare coq (naturalisé) à quatre pattes, sont exposées les déclinaisons mondiales de la représentation de l'animal de basse-cour et son utilisation en politique, dans le monde de la publicité et du sport.

Rien de très étonnant à ce que ce musée soit situé à Cogolin, la ville devant son nom au célèbre animal : lorsque l'intendant de Néron, Torpes, fut décapité en 68 après J.-C. pour avoir refusé de renier sa foi chrétienne, on mit son corps dans une barque à l'embouchure de l'Arno (en Italie) avec à bord un coq et un chien. Lorsque la barque échoua sur les rives de ce qui devait devenir Saint-Tropez, le coq s'envola et vint se poser dans un champ de lin qui allait devenir Cogolin, déformation de coq-au-lin si l'on veut bien croire la légende…

L'identification du coq à la France provient du mot latin *gallus* qui signifie à la fois « coq » et « Gaule ». Si le coq apparut comme symbole national à la Révolution, il devint emblème national sous Louis-Philippe, en 1830, et fut surtout mis en exergue lors de la Première Guerre mondiale en opposition à l'aigle prussien. Si l'emblème aviaire est aujourd'hui officiellement remplacé par Marianne, il reste très présent dans l'imaginaire collectif.

À VOIR AUX ALENTOURS

LE MUSÉE MÉDIÉVAL ET TEMPLIER DE COGOLIN

5

Visite comprise dans le ticket d'entrée de la demeure-musée Sellier.

À l'étage supérieur de la demeure Sellier, deux salles emplies de figurines grandeur nature aux riches costumes sont consacrées aux Templiers. 200 panneaux et de nombreuses maquettes permettent de tout savoir sur cet ordre à la réputation sulfureuse. C'est l'association Empreintes et Traditions du pays des Maures et de Provence qui est à l'origine de cette exposition permanente remarquable par son sérieux, sa documentation et son approche pédagogique.

LE MUSÉE RAIMU

6

18, avenue Georges-Clemenceau, 83310 Cogolin
• Tél. : 04 94 54 18 00 • Fax : 04 94 54 43 24 • www.musee-raimu.com
• Ouvert tous les jours de 10h à 12h et de 15h à 18h (hors saison), de 10h à 12h et de 16h à 19h (pleine saison)
• Fermé le dimanche matin et le mardi hors vacances scolaires
• Entrée : 3,50 € • Enfants de plus de 11 ans : 1,75 €

« Je voulais rencontrer le plus grand acteur du monde. »

Lorsqu'Orson Welles demanda à rencontrer Raimu, celui-ci venait de s'éteindre quelques jours auparavant. Le célèbre réalisateur et acteur américain eut alors cette phrase de dépit : « Je voulais rencontrer le plus grand acteur du monde. »

Visiter aujourd'hui le musée Raimu, c'est retrouver l'ambiance et la personnalité de cet acteur hors du commun qui continue à fasciner aujourd'hui, non seulement dans les rôles que lui avait donnés Marcel Pagnol, mais aussi dans un très grand nombre de films inscrits dans l'histoire du cinéma.

Dirigé par Isabelle Nohain, petite-fille de l'acteur, le musée expose des souvenirs de ses débuts (lorsque Jules Muraire, de son vrai nom, n'était pas encore devenu Raimu), des affiches originales de films, plus de 200 photos d'époque, des manuscrits et contrats, divers costumes de tournage, des souvenirs de *Marius*, de *La Femme du boulanger* et l'inévitable chapeau avec l'emblématique pardessus de son dernier film, *L'homme au chapeau rond*.

À l'étage, une partie plus privée présente ses vêtements personnels (Raimu était d'une extrême élégance), une partie du mobilier de sa maison de Bandol et de son appartement parisien de la rue Washington.

Sur un mur, un sympathique clin d'œil de la BD à Raimu : les planches extraites des quatre albums d'Astérix qui mettent en scène l'acteur : *Le tour de Gaule d'Astérix*, *La Serpe d'or*, *Astérix et le chaudron* et *Astérix en Corse*.

LE FORT FREINET

7

Le fort Freinet, 83680 La Garde-Freinet
• Accès : il y a deux itinéraires pour se rendre au fort Freinet. S'équiper de bonnes chaussures dans les deux cas. Pour le premier, quitter le village en voiture en direction de Grimaud par la RD558. Prendre la rue qui monte à droite après le terrain de boules jusqu'à un parking. Un sentier conduit à la Croix en 10 min. De là, suivre le balisage jaune jusqu'au fort. Autre option : garer sa voiture sur l'aire de la Planète, au nord du village et emprunter le chemin qui, au bout de quelques mètres, se sépare en deux. À gauche se trouve le chemin vers la Croix et tout droit le chemin vers le fort. À la fourche suivante prendre à gauche le chemin qui monte. Compter env. 25 min. pour atteindre le fort.

Les Sarrasins à Saint-Tropez

Creusés dans le roc jusqu'à 8 mètres de profondeur, les fossés de protection du fort de la Garde-Freinet sont impressionnants. Le panorama est époustouflant et, d'un point de vue stratégique, l'on comprend pourquoi ce nid d'aigle dominant la région, du rocher de Roquebrune aux Maures, du Luc au Muy, de la mer aux contreforts des Alpes, avait séduit les Sarrasins.

De nombreux historiens, dont au moins quatre historiens arabes, ont vu en la Garde-Freinet l'ancien Fraxinet fondé vers l'an 880 par une vingtaine de Sarrasins dont le bateau s'était échoué dans le golfe de Saint-Tropez. Épaulés par des renforts venus d'Andalousie, les occupants de la citadelle se servirent du lieu comme base de lancement de leurs attaques des ports et villes de la région. C'est ainsi qu'auraient été brûlés et pillés Fréjus et Toulon, même si aujourd'hui certains archéologues mettent en doute cette hypothèse.

C'est au prix d'une importante coalition à laquelle participèrent Guillaume de Provence, les comtes de Forcalquier et de Turin ainsi que le vicomte de Marseille, que l'occupation sarrasine cessa en 973. En 1589, le Maréchal de la Valette fit finalement détruire le fort pour que les ligueurs ne s'en servent pas comme refuge.

Aujourd'hui subsistent, outre les fossés, les restes d'une chapelle, d'un four, du château et d'une quarantaine de cabanes.

À VOIR AUX ALENTOURS

8

LA CROIX DES MAURES : « JUSQU'À LA FIN DE TES JOURS, TU AURAS LE CHRIST EN FACE DE TOI ! »

Haute de 6 mètres et située sur l'un des itinéraires menant au fort, la croix dite Croix des Maures aurait été érigée en 1900 dans l'axe de la place Neuve en face de la maison la plus imposante du village (aujourd'hui l'office de tourisme) dont le propriétaire était connu pour ses opinions anti-cléricales. Le curé de l'époque, commanditaire de ladite croix, aurait lancé à l'impie : « Jusqu'à la fin de tes jours, tu auras le Christ en face de toi ! »

MAURES ET SARRASINS

Les Maures étaient des Berbères vivant autour de l'actuel Maroc au VIe siècle avant J.-C. Après leur romanisation et leur christianisation, ils se convertirent à l'Islam au VIIIe siècle et occupèrent l'Espagne jusqu'en 1492.
Le mot sarrasin fut employé pour désigner, depuis l'époque médiévale et le temps des croisades, les peuples de confession musulmane.

LE CERCLE DU LITTORAL

9

Place Gabriel-Péri, 83350 Ramatuelle Tél. : 04 94 79 26 74
Cercle privé Adhésion : 10 € par an (après accord de la commission et parrainage de deux membres) Il est également possible d'aller au Cercle si on est l'invité d'un membre : pour cela, aller chercher quelqu'un qui vous invite tout de suite et prendre une consommation en l'attendant.

« En entrant dans le cercle, je laisse à l'extérieur tout ce qui nous sépare et je conserve précieusement tout ce qui nous unit. »

Fondé en 1885, le Cercle du Littoral est la plus ancienne association de la commune. L'objectif, « former une réunion d'hommes (les femmes en étaient exclues) de bonne compagnie, désireux de se voir et de se distraire tant par la conversation que par la lecture des journaux, de brochures et de livres divers (et par les parties de cartes…) ». Avantage non négligeable du cercle par rapport au traditionnel café, les consommations y sont bien moins chères puisque l'association n'a pas de but lucratif.

C'est dès la Révolution que naquirent les cercles en Provence. Tout d'abord cercles « bourgeois », dits cercles blancs, car cette classe sociale découvrait alors la liberté d'expression et pouvait s'adonner à une passion bien française : parler de politique ! Puis ce sont les cercles dits rouges qui se sont implantés avec, comme l'on s'en doute, des idées nettement plus à gauche.

À Ramatuelle, les associations qui représentaient chacune les deux couches sociales de la population alors différenciées, décidèrent de fusionner pour gérer un seul cercle auquel on attribua le nom neutre de Cercle du Littoral. D'où sa devise : « En entrant dans le cercle, je laisse à l'extérieur tout ce qui nous sépare et je conserve précieusement tout ce qui nous unit. »

Aujourd'hui, seuls 26 cercles subsistent dans le Var alors qu'il en existait plus de 300 à la fin du XIXe siècle.

À VOIR AUX ALENTOURS

10

À l'intérieur de l'église du village, à gauche sous une voûte, trois cadres rendent hommage aux équipages des trois sous-marins (Eurydice, Minerve et Sibylle) qui venaient déposer ou récupérer des agents secrets à la plage de l'Escalet (voir ci-contre).

L'ANDROUNO DE GASSIN : LA RUE LA PLUS ÉTROITE DU MONDE ?

On ne se lasse pas d'arpenter le village de Gassin : ses rues, ses passages, ses placettes et ses maisons restaurées avec goût. Tout se passe bien jusqu'à L'Androuno, cette rue (si on peut employer ce terme) qui passe (!) pour être la plus étroite de la planète sans que ce record ait encore été validé par le livre Guiness. Avouons qu'en cas de surcharge pondérale, la tentative est risquée : la distance entre les deux murs ne dépasse pas 29 centimètres par endroits. Le nom d'« androuno » viendrait de *andros* (homme) et *uno* (un), suggérant ainsi que l'on ne peut y passer qu'un seul à la fois.

LE MONUMENT DES SERVICES SPÉCIAUX 11

Square Alsfasser, 83350 Ramatuelle

« Un hommage aux agents secrets

À Ramatuelle, commune éminemment touristique de la presqu'île de Saint-Tropez, un étonnant monument est dédié à la mémoire des quelque 300 agents secrets qui ont combattu l'ennemi pendant la Deuxième Guerre mondiale. Son appellation officielle inspire le respect : Mémorial des anciens des services spéciaux de la Défense Nationale (ASSDN).

Le choix de Ramatuelle fut assez naturel puisque c'est dans une calanque proche de la commune que les agents secrets ont pour beaucoup été débarqués depuis les sous-marins de l'armée de la France libre pendant la Seconde Guerre mondiale (Le Casabianca, L'Aréthuse, Le Marsouin, La Perle). Enfin, un certain nombre d'habitants de Ramatuelle faisaient partie de la résistance locale qui aida ces agents infiltrés à remplir leur dangereuse mission en territoire occupé.

Square Alsfasser (du nom d'Alphonse Alsfasser, un « chargé de mission » abattu par l'ennemi à Ramatuelle où il est enterré), les noms de ces agents de l'ombre apparaissent donc aujour-d'hui, gravés sur le marbre du monument. Dessiné par l'architecte Gaston Castel, il fut exécuté par le sculpteur Marcel Courbier qui avait été l'ami de Jean Moulin.

GASTON CASTEL

Gaston Castel est né à Pertuis le 1er août 1886 et mort le 9 février 1971 à Marseille. D'une famille de maçons, il fut admis à l'école d'architecture de Marseille et reçut le grand prix de Rome en 1913. « Gueule cassée » à la suite de la guerre de 14-18, il fit l'objet d'une greffe d'os qui n'aboutit pas au résultat escompté mais à la perte d'un œil. Il devint donc architecte borgne... Il partit ensuite à Rio réaliser le monument de l'Indépendance du Brésil avec son ami le sculpteur Antoine Sartorio. À Marseille, il construisit l'Opéra, le monument aux héros de l'armée d'Orient et la prison des Baumettes, ornée des bas-reliefs des sept péchés capitaux (voir le guide *Marseille insolite et secret* chez le même éditeur). Après la Seconde Guerre mondiale, il participa à la reconstruction du Vieux-Port de Marseille avec Fernand Pouillon (1945-1953). Sa maison marseillaise classée monument historique (2, rue Croix-de-Régnier) est aujourd'hui en voie de réhabilitation et fait partiellement office de maison d'hôtes (voir aussi le guide *Marseille insolite et secret* chez le même éditeur).

LA MARIANNE DE L'HÔTEL DE VILLE DE SAINT-TROPEZ

12

Mairie de Saint-Tropez
Place de l'Hôtel-de-Ville
83990 Saint-Tropez

À l'hôtel de ville de Saint-Tropez, se présenter à l'accueil. S'il n'y a pas de mariage en cours, il est possible de visiter la salle Photos autorisées.

L'on dit parfois que c'est Brigitte Bardot qui a imposé Saint-Tropez comme le port méditerranéen le plus à la mode depuis les années 1960. Les touristes ont beau essayer de s'approcher de La Madrague, sa maison au bord de l'eau, rares sont ceux qui ont eu la chance d'apercevoir la vedette. Pour être certain de la rencontrer, il faut pourtant tout simplement aller à la mairie visiter la salle des mariages où, dans une niche au-dessus du fauteuil du maire, Marianne a adopté les traits de celle qu'on appelle depuis longtemps « BB ». Remarquons tout de même que pour un symbole national, la poitrine représentée est assez sensuelle…

> ***Pour être sûr de rencontrer Brigitte Bardot***

MARIANNE

Sous l'apparence d'une femme coiffée d'un bonnet phrygien, Marianne est la figure allégorique de la République française et représente la permanence des valeurs de la république et des citoyens français : « Liberté, Égalité, Fraternité ».

Marianne semble provenir de la contraction de Marie et Anne, deux prénoms très répandus au XVIIIe siècle parmi la population féminine du royaume français. C'est un certain Guillaume Lavabre qui, en octobre 1792, a pour la première fois baptisé la République « Marianne » dans une chanson qui connut une grande popularité, *La Garisou de Marianno*, la guérison de Marianne. Depuis les années 1970, ce sont des personnalités du cinéma ou de la chanson et récemment de la télévision qui ont servi de modèles à la Marianne : Brigitte Bardot en 1970, Mireille Mathieu en 1978, Catherine Deneuve en 1985, Laetitia Casta en 2000 et Evelyne Thomas en 2003.

À VOIR AUX ALENTOURS

LA PORTE ZANZIBAR

13

Immanquable et archi-connue, cette porte n'en reste pas moins une des curiosités les plus insolites de la ville. De style mozarabe, elle a été apportée par un capitaine au long cours tropézien, dont la famille avait ouvert le premier comptoir français à Madagascar. Il l'a ramenée de l'île de Zanzibar, afin d'embellir la maison familiale.

LE BAR DE L'HÔTEL SUBE

14

15, quai de Suffren, 83990 Saint-Tropez
Tél. : 04 94 97 30 04 Fax : 04 94 54 89 08
Mail : hotel-sube@wanadoo.fr www.hotel-sube.com

Un bar à l'abri de la foule sur le port de Saint-Tropez

On ne vient pas par hasard au bar de l'hôtel Sube. Seuls les clients de l'hôtel et les habitués connaissent le chemin qui mène du port de Saint-Tropez au quai de Suffren, juste derrière la statue du bailli éponyme. Sur la droite, au premier étage, une porte automatique ouvre les portes du paradis (même si le nom Sube aurait pu faire penser à un hôtel sous-marin…).

Dès la réception, l'atmosphère de ce lieu unique à Saint-Tropez vous envahit d'une sorte de bien-être. L'endroit a l'apparence et le style d'un vrai bar de club anglais avec ses tableaux et affiches aux murs, son magnifique comptoir, ses maquettes de bateaux et sa vue sur le port. Enfoncé dans des fauteuils de cuir, profonds et patinés, on savoure, surtout en pleine saison, le sentiment incomparable et si délectable d'être un privilégié échappant au flot des vacanciers en short et en tongs qui contemplent les stars ou ceux qui aimeraient l'être à l'arrière des yachts.

Hors saison, l'ambiance est également très agréable car, en hiver, la cheminée du bar rassemble Tropéziens et marins de tous poils. L'hôtel Sube, le plus ancien des hôtels de Saint-Tropez encore en activité, abrite aussi le deuxième siège du Yacht Club de France (après Paris) dont le drapeau flotte au balcon.

À VOIR AUX ALENTOURS

LA STATUE DU BAILLI DE SUFFREN

15

L'hôtel Sube se situe juste derrière la statue du bailli de Suffren, personnage emblématique de Saint-Tropez. Si le bronze est majestueux, il ne correspond pas tout à fait au physique en réalité disgracieux de cet homme. Né à Saint-Cannat (tout près d'Aix-en-Provence) en 1729, il obtint le titre de lieutenant-général des armées navales, puis celui de vice-amiral de France. En 1775, le roi le nomma Lieutenant du Roy de la ville de Saint-Tropez et Gouverneur de sa Citadelle. La statue, offerte à la ville par Napoléon III, a été fondue avec le bronze de canons pris à l'ennemi héréditaire de l'époque : les Anglais.

SAINT-TROPEZ ET SAINTE-MAXIME

Pourquoi n'y a-t-il pas d'horloge sur le quatrième pan du clocher de l'église Notre-Dame-de-l'Assomption qui, de ce fait, est nu ? Les mauvaises langues disent que c'est pour empêcher les Saint-Maximois de lire l'heure au clocher de Saint-Tropez. Il aurait fallu cependant que les habitants de cette ville, juste en face du golfe de Saint-Tropez, aient de bons yeux ou de bonnes jumelles pour se fier à l'heure tropézienne ! D'ailleurs les habitants de Saint-Tropez vous affirmeront que les Saint-Maximois sont les gens les plus heureux du monde parce qu'ils peuvent voir Saint-Tropez toute la journée !

À VOIR AUX ALENTOURS

LES MAISONS JUMELLES DE SAINTE-MAXIME 16

18 et 20, place Louis-Blanc , 83120 Sainte-Maxime

Construites à la fin du XIXe siècle, ces deux maisons jumelles ont une histoire savoureuse : les deux associés qui avaient fait construire ces maisons ne savaient pas comment se les attribuer en raison de la différence de superficie des terrains. Ils décidèrent donc de les tirer au sort au jour de la livraison, ce qui explique leur similitude poussée à l'extrême…

LA PLAGE DES ÉLÉPHANTS : LA PLAGE DE BABAR 17

RN98 , 83120 Sainte-Maxime

À l'Est de Sainte-Maxime, une plage porte le nom de plage des Éléphants. Pour ceux qui auraient la curiosité de s'intéresser à l'origine de cette appellation, nous ne pourrions que leur conseiller d'ouvrir l'album pour enfants *Le Voyage de Babar*. À la page 4 ou 5, selon les éditions, Babar et Céleste, en voyage de noces, survolent une belle plage méditerranéenne, celle-là même qui porte le nom, pour cette raison, de plage des Éléphants.

L'explication est tout simplement que Jean de Brunhoff a résidé à Sainte-Maxime et s'est inspiré de cette plage pour la reproduire dans le deuxième volume de ce succès mondial…

Visite virtuelle de la plage des Éléphants : www.ste-maxime.com.

LE MUSÉE DU PHONOGRAPHE

18

Parc de Saint-Donat, CD25, 83120 Sainte-Maxime
• Tél. : 04 94 96 50 52 • Fax : 04 94 47 02 64 • Mail : musee.phono@infonie.fr
• Visite guidée d'1h sur rendez-vous
• Adultes : 3 € • Enfants de 6 à 16 ans : 1,50 €
• Accès : à 10 kilomètres de Sainte-Maxime sur la route du Muy. À Saint-Donnat prendre à droite le mauvais chemin qui conduit au musée à 300 mètres de la route. Attention le fléchage est rudimentaire pour ne pas dire inexistant.

De la boîte à musique à la musique en boîte

Création éclectique et fantaisiste, la façade du musée du Phonographe est une construction étonnante. Si l'intérieur est un hangar où sont présentées, sans mise en valeur particulière, des centaines de pièces plus ou moins uniques, la visite guidée est passionnante.

Elle commence avec les premiers pianos mécaniques dans lesquels défilent des bandes perforées, ancêtres des premiers ordinateurs. À noter : tous les appareils présentés fonctionnent et votre guide en fera la démonstration, vous conviant ainsi à une très agréable promenade musicale.

Tout au long de la visite, les surprises s'enchaînent : le premier juke-box payant avec paiement temporisé (la pièce ne tombe qu'après un temps permettant ainsi d'alimenter le monnayeur pour qu'il n'interrompe jamais un morceau), les premiers enregistreurs à graveur constitué d'une bille de verre taillée en biseau, et les phonographes à pavillon, à cylindre puis à disques. Le musée possède quelques pièces exceptionnelles, tant par leur esthétisme que par leur fonction aujourd'hui obsolète comme le premier dictaphone datant de 1903, avec son micro pour directeur et son casque pour dactylo.

L'autre intérêt du musée réside dans le fait que le domaine de la reproduction sonore est mis en perspective en permanence avec les autres inventions qui ont changé la vie quotidienne de l'humanité.

LE VIVIER GALLO-ROMAIN DES ISSAMBRES 19

Sentier du Littoral, RN98 , 83380 Les Issambres
• Accès : le vivier se trouve à un kilomètre au sud de la pointe de la Tourterelle et est très facile à trouver car indiqué en bord de route (corniche des Maures). Un parking permet de laisser son véhicule : emprunter ensuite le sentier du littoral sur quelques mètres, le vivier se trouve à côté.

Le seul vivier à poissons antique conservé en eau vive

Classé monument historique depuis 1939, le vivier des Issambres est le seul exemple de vivier antique de la Gaule resté en eau vive et en bon état. Il témoigne de l'intérêt que les propriétaires du littoral portaient déjà au poisson frais. Ce vivier avait deux fonctions : capturer le poisson et le conserver vivant dans son milieu naturel.

Placé au-dessus du vivier, un panneau explicatif illustré d'un schéma présente de manière très claire le fonctionnement de cette réserve à poissons. Dans un premier temps, il s'agissait d'attirer les proies vers le vivier. On utilisait parfois un poisson mâle tenu captif par une ligne en le tirant vers le piège quand les femelles s'étaient mises à le suivre. Ensuite, dès que les poissons étaient entrés dans les bassins, on les refermait. Les trois bassins, de profondeur et de superficie différentes, étaient séparés par des murs artificiels et leur eau était renouvelée régulièrement par un jeu de chenaux et de vannes. Une plateforme de circulation permettait également aux hommes d'intervenir sur les rives du vivier.

Les archéologues supposent que ce vivier dépendait d'une villa gallo-romaine découverte à proximité, dans l'anse de la Gaillarde. Dans l'une des pièces d'habitation, ils ont trouvé une mosaïque dont un médaillon représentait un dauphin nageant entre deux tridents.

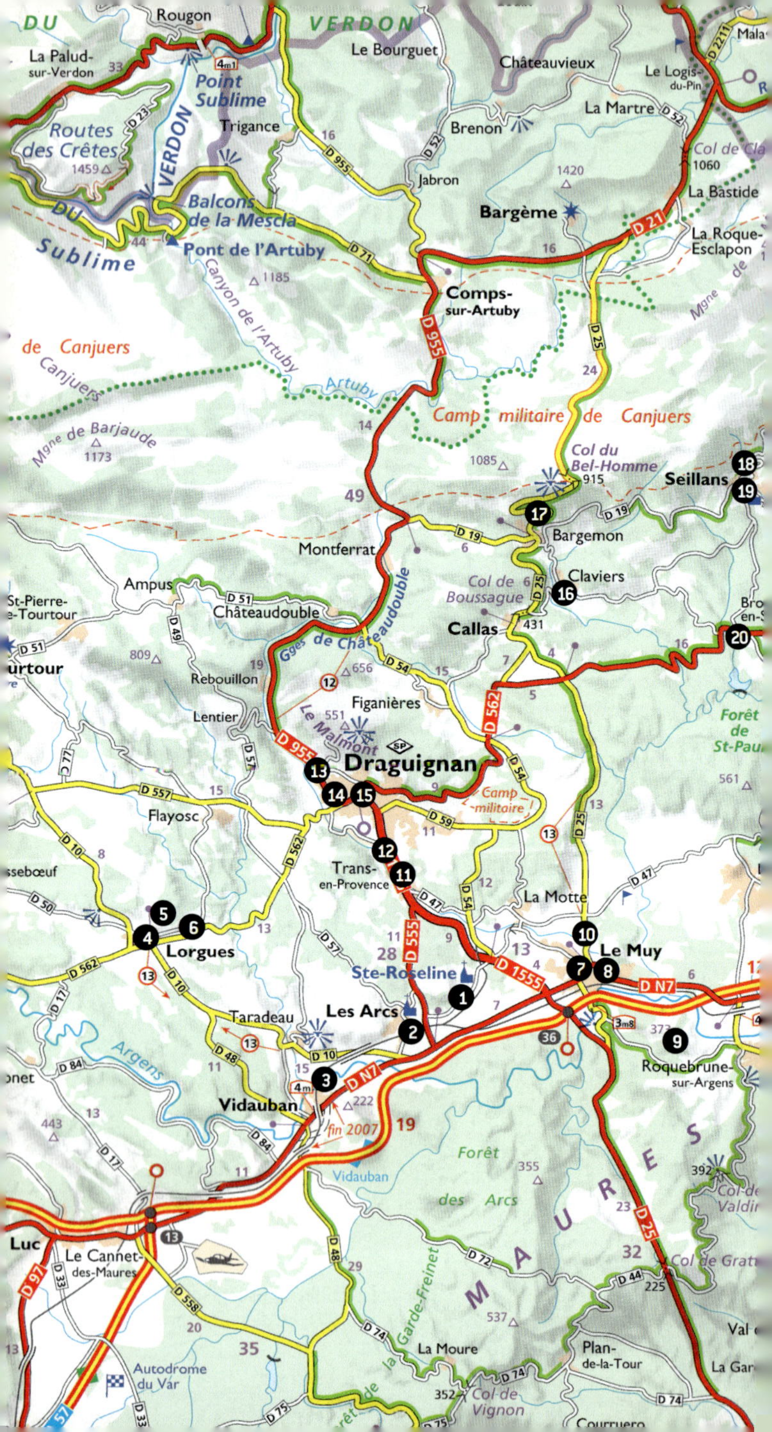

DU VERDON
Rougon
La Palud-sur-Verdon
Point Sublime
Le Bourguet
Châteauvieux
Le Logis-du-Pin
La Martre
Trigance
Routes des Crêtes
VERDON
Brenon
Jabron
Col de Clavel
La Bastide
Bargème
Balcons de la Mescla
Pont de l'Artuby
Sublime
La Roque-Esclapon
Comps-sur-Artuby
Canyon de l'Artuby
de Canjuers
Canjuers
Artuby
Camp militaire de Canjuers
Mgne de Barjaude
Col du Bel-Homme
Seillans
Bargemon
Montferrat
Claviers
Col de Boussague
Ampus
St-Pierre-de-Tourtour
Châteaudouble
Gges de Châteaudouble
Callas
Tourtour
Rebouillon
Figanières
Lentier
Le Malmont
Draguignan
Forêt de St-Paul
Camp militaire
Flayosc
Trans-en-Provence
La Motte
Lorgues
Le Muy
Ste-Roseline
Taradeau
Les Arcs
Roquebrune-sur-Argens
Argens
Vidauban
fin 2007
Forêt des Arcs
MAURES
Col de Valdingue
Luc
Le Cannet-des-Maures
Col de Gratteloup
La Moure
Plan-de-la-Tour
Autodrome du Var
Forêt de la Garde-Freinet
Col de Vignon

DRAGUIGNAN ET ALENTOURS

LE RELIQUAIRE DES YEUX DE SAINTE ROSELINE

1

Chapelle Sainte Roseline
D91
83460 Les Arcs-sur-Argens
• Ouvert du mardi au dimanche de 14h30 à 18h30 l'été et de 14h à 17h l'hiver
• Pèlerinages le dimanche de la Trinité (le premier après Pentecôte), le premier dimanche d'août, le dimanche précédant celui des Rameaux et le dimanche le plus proche du 16 octobre

« Le pouvoir miraculeux des yeux de sainte Roseline

Reposant dans une châsse (*) à l'intérieur de la chapelle qui porte son nom entre les villages des Arcs et celui de Trans, sainte Roseline aurait été à l'origine de nombreux miracles.

Fille de Sybille de Sabran et d'Arnaud de Villeneuve, Roseline vécut au XIVe siècle et était connue pour sa générosité. Alors que son père s'opposait à ce qu'elle fasse la charité, Roseline avait l'habitude de distribuer les réserves du château à ceux qui n'avaient rien à manger. Un jour cependant, son père la surprit avec son tablier rempli, qu'il soupçonna de contenir des vivres, mais à sa stupéfaction, des roses s'en échappèrent de façon miraculeuse.

À sa mort, son corps, exposé dans une châsse, fut miraculeusement préservé de toute usure. Il fut pourtant perdu pendant les guerres de religion mais fut retrouvé… par un aveugle. Les pèlerins étaient bouleversés par l'éclat de ses yeux qui semblaient être tels qu'avant sa mort. La rumeur parvint même à Louis XIV qui tint à savoir s'il ne s'agissait pas d'une supercherie et envoya son médecin Vallot pratiquer une incision dans l'œil de la sainte. Les yeux s'éteignirent alors à jamais.

À présent enfermés dans un reliquaire séparé de la châsse, ceux-ci conserveraient pourtant leur pouvoir miraculeux comme en témoignent la multitude d'ex-voto et les pèlerinages encore très nombreux aujourd'hui.

Il y a quelques années, Marguerite Maeght a obtenu que des artistes prestigieux viennent créer des œuvres afin de contribuer à la restauration de la chapelle, à présent richement dotée d'œuvres contemporaines. On y voit ainsi des vitraux de Bazaine et d'Ubac et des bronzes de Diego Giacometti, frère d'Alberto (un lutrin, les portes du reliquaire des yeux). Une immense mosaïque de Marc Chagall représente également un épisode de la vie de sainte Roseline : alors qu'elle était novice à l'abbaye de Bertaud, elle oublia de préparer le repas dont elle avait la charge. Elle fut relayée par des anges qui apparurent et firent la cuisine et le service à sa place.

(*) Châsse : reliquaire dans lequel on expose et on conserve les restes d'un saint ou d'une sainte.

CHÂTEAU FONT DU BROC

2

83460 Les Arcs-sur-Argens
• Tél. : 04 94 47 48 20 • Fax : 04 94 47 50 46
• Mail : caveau@chateau-fontdubroc.com • www.chateau-fontdubroc.com
• Ouvert du lundi au samedi de 9h à 12h et de 14h à 18h, le dimanche de 14h à 18h

« Une reproduction de la salle capitulaire de l'abbaye du Thoronet

Implanté sur un site totalement vierge, le château Font du Broc, a été construit, contrairement aux apparences, à la fin des années 1970. Sur les 100 hectares du domaine, Sylvain Massa a voulu redonner sa vocation viticole à cette terre où la garrigue avait pris le dessus. La principale curiosité du lieu est le caveau dans lequel sont entreposés les tonneaux et les bouteilles : il s'agit, ni plus ni moins, de la reproduction de la salle capitulaire de la proche abbaye du Thoronet. On y accède par un vertigineux escalier qui mène à une cathédrale souterraine, à 20 mètres de profondeur, qui a demandé quatre ans de travail. Très impressionnant avec ses proportions abbatiales, le caveau maintient naturellement une température constante comprise entre 14 et 15 degrés. La réalisation a été assurée par les compagnons du Tour de France et l'on ne peut qu'admirer le travail de la taille des pierres, la création des voûtes, la qualité des sculptures et le petit clin d'œil des compagnons, matérialisé par une salamandre incluse sur un arc.

Quelques jours avant l'inauguration, une partie de la voûte du caveau s'est pourtant effondrée et, par miracle, il n'y eut pas de victime.

La visite comprend également celle du manège où s'entraînent de magnifiques chevaux lusitaniens ainsi que celle des salles de réception dont « la plus vaste du Var » comme l'indique la brochure du lieu. À noter que le calendrier des réservations pour ces somptueuses salles de réception et de banquet est rempli un an à l'avance…

À VOIR AUX ALENTOURS

UNE BORNE D'OCTROI

3

Route d'Italie 83550 Vidauban

Chemin goudronné qui mène au hameau des Blaïs, la route d'Italie débouche sur la RN7 sur la gauche, à 4 kilomètres de Vidauban, lorsque l'on va du Cannet-des-Maures à Vidauban. Une borne d'octroi se trouve dans un mur, à l'angle du chemin d'Italie et du chemin de Barueti. On lit encore clairement les mots « octroi » et « Vidauban ».

L'octroi est un impôt indirect qui était perçu autrefois par les communes à l'importation de marchandises sur leur territoire. Le lapin, les œufs, les fruits et légumes, tout était taxé et la population cherchait souvent à dissimuler ce qu'elle transportait. L'administration chargée de le prélever (et qui portait aussi le nom d'octroi) contrôlait les portes de la ville ou les limites de la commune. L'octroi n'a été aboli en France qu'en 1948.

CHAPELLE NOTRE-DAME-DE-BENVA

4

D50
Route de Saint-Antonin 83510 Lorgues
• Ouvert les jeudis de juillet et août de 10h à 12h et de 15h à 17h
• Groupes sur rendez-vous à l'**office de tourisme de Lorgues**
Place Trussy 83510 Lorgues
• Tél. : 04 94 73 92 37 • Mail : lorotsi@aol.com

L'invention du purgatoire

Perle du patrimoine varois, la chapelle Notre-Dame-de-Benva possède une architecture extérieure unique, conçue pour englober le chemin médiéval qui passait sous le porche de la chapelle. Benva signifie « bon voyage » et s'accorde à merveille avec sa situation en bord de route.

La réputation méritée de la chapelle est néanmoins surtout due aux fresques exceptionnelles, datées de 1511. L'une d'entre elles représente le Purgatoire sous la forme d'une grande cellule fermée par des barreaux où s'entassent des centaines de corps nus qui semblent griller (de la fumée s'échappe vers le haut). Deux anges, une cruche à la main, s'emploient sans conviction à soulager leurs souffrances.

Le Purgatoire est une notion que l'Église élabora progressivement. C'est au 4e concile du Latran en 1215 que fut précisé dans les dogmes de l'Église catholique cet état intermédiaire entre la mort et le Paradis. L'idée du Purgatoire découle de la conviction qu'un laps de temps est nécessaire au croyant pour se purifier (*purgatio* en latin) et se repentir de ses péchés avant de rencontrer Dieu. D'où l'existence au long de l'histoire de l'Église de différentes pratiques visant à alléger la peine du Purgatoire, parfois moyennant finances : dons aux abbayes, aux institutions religieuses, dons pour faire dire des messes, actes de piété pour obtenir des « Indulgences » (voir encadré)

LES INDULGENCES

L'indulgence est une rémission totale ou partielle devant Dieu de la peine de Purgatoire. Elle est obtenue en contrepartie d'un acte de piété (pèlerinage, prière, mortification) effectué à cette fin, dans un esprit de repentance. La « simonie » est la déviance de l'indulgence : les fidèles marchandent auprès du prêtre un acte de charité, qui devient souvent un don en espèces sonnantes et trébuchantes...

Un exemple célèbre date de 1515 : cette année-là, le dominicain Johann Tetzel est chargé de vendre des indulgences au nom de l'archevêque de Mayence, Albrecht de Brandebourg, qui préleva 50 % des sommes pour payer ses frais d'installation. Comble du cynisme, la devise du moine percepteur qui faisait battre tambour pour attirer la foule était : « Dès que la monnaie tinte dans le tronc, l'âme s'envole du Purgatoire. » C'est dans ce climat de scandale que Luther intervient le 31 octobre 1517, veille de Toussaint, en affichant 95 thèses dénonçant la pratique des indulgences. On considère cet épisode comme le « coup d'envoi public » de la Réforme.

MUSÉE PICTURAL ET ARCHITECTURAL ROB JULLIEN

5

Le Moulin Rue Tré-Barry 83510 Lorgues
• Réservations, informations : 06 22 88 37 66 • Ouvert de 15h à 19h sauf lundi et mardi • Groupes sur rendez-vous • Tarif 4 € ; enfants, groupes 2 €

« Un musée où l'ésotérisme est roi »

Le très insolite musée Rob Jullien est parfait pour une sortie dominicale : il séduira les enfants, intéressera les parents et alimentera les conversations de la famille bien après la visite.

Né à Aix-en-Provence, Rob Jullien, après un passage à Paris, eut un coup de cœur pour l'ancien moulin de Lorgues qu'il mit plusieurs années à restaurer, agrandir et décorer. Il y créa le musée qui porte son nom, dont l'architecture est une reconstitution ésotérique fortement inspirée de l'ordre des Templiers, faite de boyaux étroits, de couloirs sombres et d'escaliers abrupts. La salle de la Chouette, où repose ce que l'on devine être la sépulture d'un templier, arbore ainsi une croix pattée savamment mise en valeur. La production picturale de l'artiste est également présente : oscillant entre le fantastique, la science-fiction, les cristaux et les minéraux, elle est parfois proche de l'illustration ou de l'affiche de film.

LA CROIX PATTÉE

Une croix pattée est une croix aux bras étroits au centre et larges à la périphérie. Son nom vient du fait que les bras de la croix ressemblent à des pattes. Cette croix est le symbole des croisades et la couleur rouge, l'insigne des Chevaliers du Temple.

À VOIR AUX ALENTOURS

UN RARE EX-VOTO POLITIQUE AU SANCTUAIRE SAINT-FERRÉOL

6

Colline Saint-Férréol 83510 Lorgues
• Visites de groupes uniquement sur rendez-vous • Association des Amis de Saint-Ferréol et du Vieux Lorgues • Contact : M. Delseray au 04 94 73 26 85

Depuis de longues années, l'Association des Amis de Saint-Ferréol et du Vieux Lorgues fait un travail impressionnant en préservant et en mettant en valeur l'exceptionnel patrimoine religieux du village. Le musée d'Art sacré de la chapelle de Saint-Ferréol présente ainsi une collection d'ex-voto en parfait état dont certains remontent au XVIIe siècle ainsi qu'un étrange meuble qui contient une botte en cuir beige déchirée, une crosse de fusil et des habits masculins noirs criblés d'impacts de balles. Le texte inscrit dans la partie basse du meuble donne un début d'explication : « En mémoire du 10 décembre 1851. Andéol de Rasque de Laval. » Issu d'une famille de la noblesse, ce jeune homme de 26 ans avait été pris en otage par les insurgés républicains qui réagissaient au coup d'état de Louis-Napoléon Bonaparte (le futur Napoléon III) du 2 décembre 1851. Il fut blessé par la troupe régulière venue réprimer l'insurrection et ne dut son salut qu'à l'intervention d'un officier constatant l'erreur.

ADEN-POWELL
1943
EXPLO 93

LE MUSÉE VAROIS DU SCOUTISME

7

40, boulevard Palayson
Lotissement Les Hauts de Palayson 83490 Le Muy
• Ouvert le mercredi de 14h à 17h et sur rendez-vous
• Tél. : 04 94 45 84 83 • Visite gratuite • Accès : sortir du village du Muy par la RN7 en direction de Fréjus. Continuer 500 mètres après la coopérative vinicole Saint-Romain. Au centre commercial situé à côté du dépôt-vente L'Incroyable, tourner à gauche vers deux départs de routes parallèles séparés par un abribus. Prendre la montée de gauche en direction indiquée « Les Hauts de Palayson ». Tout droit jusqu'à ce que la rue s'appelle « boulevard Palayson ». Au n°40, discrète indication sur la boîte aux lettres : « musée varois du Scoutisme ».

Quand l'abbé Pierre était surnommé « Castor méditatif »...

Lieu assez discret pour ne pas dire secret, introuvable dans les guides et inconnu à l'office de tourisme local, le musée varois du Scoutisme propose pourtant une intéressante mise en lumière de l'histoire et de l'universalité du mouvement scout.

Créé par le père Laurent Eplé, le musée est installé dans une cave de sa maison, qui offre par ailleurs une vue superbe sur le rocher de Roquebrune-sur-Argens.

Outre les insignes des différents mouvements du scoutisme et les badges des spécialités qui intéresseront surtout les passionnés et les anciens scouts, le musée permet de suivre l'évolution du mouvement scout sur plusieurs décennies. On peut ainsi voir comment s'est adaptée la tenue (on n'emploie pas le mot « uniforme ») avec, par exemple, depuis 1941, l'adoption du béret en remplacement du chapeau Baden Powell à quatre bosses.

À côté des fanions de patrouille sont exposés les totems des « bons scouts », bâtons portant des symboles personnalisés et rappelant que chacun reçoit un nom d'animal complété d'un adjectif. L'abbé Pierre était ainsi surnommé « Castor méditatif », Simone Veil « Lièvre agité », François Léotard « Zèbre idéaliste », Michel Rocard « Hamster érudit » et Jacques Martin « Grenouille optimiste ».

Notons que les collectionneurs d'objets scouts se retrouvent chaque année à Leuven en Belgique le dernier week-end d'octobre. Certains se sont spécialisés dans les réclames mettant en scène des scouts (Vache qui rit, piles Wonder, etc.), d'autres collectionnent les timbres à effigie scoute.

LE SCOUTISME

Fondé en 1907 par Baden Powell, le scoutisme (*scout* signifie « éclaireur » en anglais) est un mouvement tendant à développer la responsabilité des enfants et des adolescents dans le respect des valeurs traditionnelles. La Fédération du Scoutisme Français compte environ 80 000 membres. Elle regroupe les Éclaireuses et Éclaireurs de France (laïques), les Éclaireuses et Éclaireurs unionistes de France (protestants, créés en 1911), les Éclaireurs israélites de France, les Scouts et Guides de France (catholiques) et les Scouts musulmans de France.

LA PORTE DE LA CHAPELLE DU CHÂTEAU DU ROUËT 8

CD47, 83490 Le Muy
• Ouvert du lundi au samedi de 8h30 à 12h et de 14h à 18h (l'été 19h)
Dimanche et jours fériés de 14h à 18h
• Tél. : 04 94 99 21 10 • Mail : info@rouet.com • www.chateau-du-rouet.com
• Visite de la chapelle sur rendez-vous

Une curieuse relique de l'épopée napoléonienne

La chapelle du château du Rouët possède un mobilier un peu particulier constitué en partie par la porte de la cabine de la Belle Poule, une frégate partie de Toulon sous le règne de Louis Philippe (1840) pour ramener à Paris les cendres de l'empereur Napoléon Bonaparte…(Pour plus de détails et pour d'autres reliques insolites, voir le guide *Banlieue de Paris insolite et secrète* chez le même éditeur).

L'origine du domaine du Rouët remonte à 1927, année de l'incendie qui ravagea la région, des Arcs à Mandelieu. Après avoir acheté les terres, les ancêtres de Bernard Savatier, l'actuel propriétaire, furent confrontés à une clause de l'hypothèque à laquelle ils n'avaient pas prêté assez d'attention. Ils s'étaient engagés à faire célébrer chaque jour une messe pour le repos de l'âme du respectable sire Verion d'Esclans et de sa famille. Il fallut donc adjoindre une chapelle au domaine, recruter un chapelain et lui fournir sur place le gîte et le couvert.

Lucien Savatier, l'acquéreur du domaine, était ingénieur électricien de marine (il avait électrifié des tourelles des cuirassés et celles des premiers chars d'assaut) et fut, à ce titre, chargé de désarmer la Belle Poule. Il prit soin de récupérer la porte de la cabine qui avait abrité les cendres impériales et décida tout simplement d'en meubler la chapelle.

À VOIR AUX ALENTOURS

LES FAILLES DU ROCHER DE ROQUEBRUNE : EN MÉMOIRE DE LA MORT DU CHRIST ? 9

En face du musée varois du Scoutisme se dresse un majestueux rocher rouge que les usagers de l'autoroute A8 ne peuvent rater. À son sommet, impossible à approcher car 70 propriétaires privés s'en partagent le territoire, trois croix visibles à l'œil nu, mais lointaines, justifient le nom du rocher lui-même « Rocher des trois croix ». Selon la légende, le rocher se serait déchiré en trois failles au moment précis où le Christ aurait expiré au Mont des Oliviers. Trois failles répondant aux trois croix du calvaire et aux trois entités de la Sainte Trinité…

Le 11 juillet 1991 eut lieu l'inauguration des trois croix du sommet du rocher de Roquebrune à 373 mètres d'altitude. Œuvres du sculpteur Bernard Venet qui vit entre New York et Le Muy, elles pèsent plus d'une tonne chacune et mesurent 4,75 mètres de haut. Elles rendent hommage à trois grands peintres de l'histoire de l'art : Giotto, qui a décoré la chapelle Scrovegni de Padoue au XIVe siècle, Grünewald et Le Greco. Bernard Venet s'est inspiré de ces trois artistes et de leurs représentations personnelles de la crucifixion.

REPAS À LA FERME DU RABINON

10

RD25, 83490 Le Muy
• Tél. : 04 94 45 18 53
• Accès : depuis la sortie de l'autoroute, aller vers Le Muy. Au rond-point à l'entrée du village, prendre la première à droite. Suivre la RD25, traverser la rivière Argens et passer devant la base de kayak. La ferme se trouve juste après sur la gauche.

« Un repas insolite et convivial

Renaud Vassas est un personnage hors du commun. Dire que ses repas à la ferme sont insolites serait réducteur compte tenu du moment surréaliste que vous allez passer dans cet environnement étrange où se côtoient carcasses de voiture, objets indéfinissables et œuvres d'art à base de fer et de soudure.

Artiste protéiforme, Renaud « expose » aussi à l'étranger (Moscou, Stockholm) : il remplit tout simplement sa camionnette, déballe et vend tout…

Chez lui, il partage son temps entre la récupération des objets, matière première de son art, et sa vocation d'hôte pour grandes tablées conviviales. La formule est la suivante : tout le monde s'assoit à la même table où sont disposées des poêles pour cuire les foies gras généreusement servis. On se sert auparavant de rillettes de canard, de magrets finement tranchés, de pommes de terre rissolées, et l'on termine par des salades et des sorbets maisons. Attention à ne pas oublier son vin car la formule à 34 € est vin non compris et non fourni. Le repas est surtout l'occasion de refaire le monde avec de joyeux inconnus, de rire et de trinquer et ce, même quand on a oublié d'apporter sa bouteille, car vos voisins de table, habitués des lieux, ne vous laisseront pas mourir de soif…

Photo de l'hôte-artiste Renaud Vassas

LE PUITS AÉRIEN DE TRANS

11

Chemin de la Côte
83720 Trans-en-Provence

Le talent d'Achille

Extraordinaire réalisation de l'ingénieur belge Achille Knapen, le puits aérien de Trans-en-Provence était tout simplement censé être une solution au problème de la sécheresse en Afrique. L'idée consistait à récupérer l'eau obtenue par condensation, (la « buée » sur les vitres et la « rosée » sur les plantes) dans un immense puits destiné uniquement à cet effet.

S'inspirant des ruines de Théodosia en Crimée (Ukraine), il décida d'expérimenter son idée en grandeur nature. Trans fut choisi pour son climat chaud, qu'il pensait (à tort) proche des conditions des pays d'Afrique du Nord. En 1931 fut ainsi inauguré ce puits aérien aux dimensions impressionnantes : 12 mètres de diamètre, 12 mètres de hauteur et des parois de 2,5 mètres d'épaisseur.

Le fonctionnement se résume de la façon suivante : l'air chaud pénètre dans le puits pendant la journée et, la nuit, l'air froid qui y pénètre à son tour provoque par contact avec le résidu de l'air chaud la condensation de la vapeur d'eau. Celle-ci, récupérée par l'architecture intérieure du puits, s'écoule ensuite dans un réservoir souterrain.

Le résultat fut décevant, Achille Knapen ne recueillit que l'équivalent d'un seau par nuit : un rendement bien insuffisant compte tenu de l'ambition du projet. Il n'y eut donc pas de suite. Peut-être une occasion ratée quand l'on sait que les variations de température en été, dans cette partie de la Provence, sont en réalité très inférieures à celles des régions désertiques d'Afrique du Nord, sujettes à un climat plus continental…

À VOIR AUX ALENTOURS

AUBERGE DU VIEUX MOULIN

12

Place des Moulins
83720 Trans-en-Provence
Tél. : 04 94 70 87 59
Mail : contact@auberge-la-grotte.com
www.auberge-la-grotte.com
Menus à 18 €, 28 €, 38 € et 45 €
Soirées dansante, banquets, mariages

Implanté comme son nom l'indique dans un ancien moulin, le restaurant du Vieux Moulin possède une salle à manger particulièrement impressionnante, dressée dans la grotte Sainte-Catherine. La grotte était auparavant un lieu de pèlerinage des meuniers de la région qui y venaient, tous les 25 novembre, implorer leur patronne pour que leur récolte soit bonne.

MUSÉE DE L'ARTILLERIE

13

Avenue de la Grande-Armée
Quartier Bonaparte 83300 Draguignan
Tél. : 04 98 10 83 85 et 86 Mail : musee.artillerie@worldonline.fr
Ouvert du dimanche au mercredi de 9h à 12h et de 13h30 à 17h30
Entrée gratuite

Un extraordinaire masque à gaz pour cheval

Implanté à Draguignan, le musée de l'Artillerie possède une collection complète de canons qui est présentée en suivant une approche pédagogique très convaincante. Alors que la ville était en perte de vitesse et venait de perdre son statut de Préfecture au profit de Toulon, il fut décidé que l'une des compensations serait de déménager l'école de l'artillerie de Châlons-en-Champagne à Draguignan. Quelques années plus tard, en 1976, le musée de l'Artillerie vit naturellement le jour.

La visite permet de comprendre l'histoire sous l'angle particulier de l'artillerie, dont la présence a été constante dans toutes les guerres militaires et civiles où la France était protagoniste.

L'on apprend ainsi que le sceau duquel ils sont frappés (Louis XIV, Napoléon, RF pour République Française ou LP pour Louis-Philippe) n'a pas empêché les canons de tirer sur ceux qui les ont fait fondre… Parmi les perles du musée, quelques canons comportent des inscriptions à l'usage des canonniers, ainsi sous cette manivelle que l'on tourne dans le bon sens pour élever le canon on peut lire cette indication naïve : « plus loin ». Le matériel défensif présente finalement les pièces les plus insolites, telles que cet extraordinaire masque à gaz pour cheval : jusqu'à la deuxième moitié du XXe siècle, on ne pouvait en effet déplacer un canon qu'à l'aide d'un cheval qui le tractait. On inventa donc tout simplement un masque adapté au meilleur ami de l'artilleur… Dans le même esprit, ne ratez pas le masque à gaz pour nourrisson, tellement surdimensionné qu'il donne l'impression de voir un bébé dans un bocal.

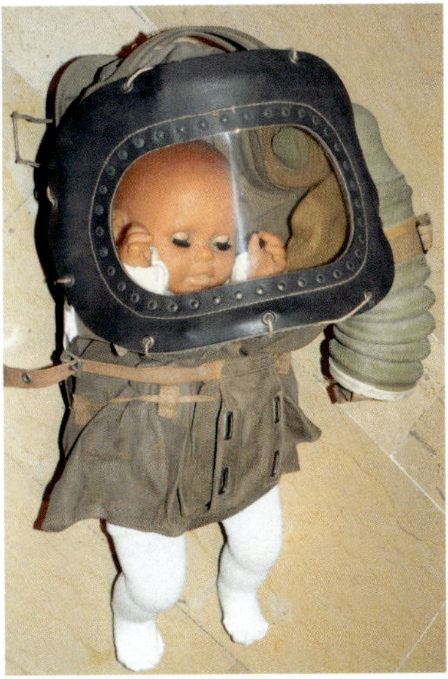

ANNIS
M·DCCXX XXI
XXII· OMNIPOTENTI
IRATO, ET ANGELO EJUS
VINDICI, CONTAGIOSA
LUE POPULUM HUJUS
PROVĨCIÆ PERCUTIENTI,
INTERCESSIONES DEIPARÆ
EFFICACITER OPPOSUERUNT
CIVES DRACOEÑCES.
1720-21-22 Au Tout-Puissant irrité et à son ange vengeur
appant de la contagion de la PESTE le Peuple de cette provin

CHAPELLE NOTRE-DAME-DU-PEUPLE

14

Rue Notre-Dame-du-Peuple
83700 Draguignan

Un tableau qui a perdu la tête...

Construite en 1524, la chapelle Notre-Dame-du-Peuple fut érigée pour remercier la Sainte Vierge d'avoir épargné la ville de Draguignan d'une épidémie de peste. La légende raconte que, au moment où la Vierge apparaissait dans le ciel, une femme qui se rendait en ville au même moment avec un ballot de linge sentit sa charge s'alourdir d'une façon telle qu'elle ne pouvait plus la porter... Alertés par la population, les consuls de la ville vinrent examiner le ballot de linge et purent constater qu'il était contaminé par la peste. Prises suffisamment tôt, les mesures contre l'épidémie permirent ainsi à Draguignan d'échapper à la terrible maladie.

La chapelle fut bâtie sur le chemin royal qui reliait jadis la ville à Lorgues et à Aix-en-Provence. Au XVIIIe siècle, il fut décidé de construire une route plus large qui ne passait plus devant la chapelle ; cette dernière se retrouva à l'écart.

À l'intérieur de la chapelle, on trouve beaucoup d'ex-voto en marbre mais pratiquement plus d'ex-voto peints : 70 d'entre eux ont été volés en 1974 et les derniers se trouvent au musée des Arts et Traditions populaires de Draguignan.

Deux oeuvres attirent également l'attention : la Vierge du Rosaire, peinture sur bois de l'école des Bréa (*), et surtout un tableau auquel on n'accorderait pas autant d'intérêt si on n'en connaissait pas l'histoire. Peint par le père Valentin de l'Observance, il représente une procession dont la légende en latin en bas du tableau indique : « 1720-21-22. Au Tout-Puissant et à son ange vengeur frappant de la contagion de la peste le peuple de cette province, les habitants de Draguignan ont opposé efficacement l'intercession de la Mère de Dieu. Sous le consulat de Noble Joseph de Rasque, Seigneur de Taradeau... » En observant attentivement le tableau, prêtez particulièrement attention à Joseph de Rasque, le personnage principal de gauche. Noble de la région, sa tête fut découpée de la toile à la Révolution et remplacée plus tard par une autre... À l'œil nu, on perçoit très bien ce « maquillage » qui en dit long sur l'état d'esprit des insurgés de 1789... Le tableau rappelle qu'une fois de plus Draguignan avait été épargnée par la peste qui ravagea la Provence à partir de 1720.

L'ÉCOLE DES BRÉA

L'école des Bréa a été fondée par Louis Bréa, peintre niçois né vers 1450 et décédé en 1523. Ses nombreuses œuvres religieuses (fresques, retables, triptyques) que l'on retrouve de Nice à Gènes en passant par l'arrière-pays ont marqué la rupture avec l'art gothique et l'irruption de la Renaissance. On parle des Bréa au pluriel car plusieurs membres de sa famille, tel François Bréa, ont suivi sa vocation.

LA PIERRE DE LA FÉE

15

Route de Montferrat 83300 Draguignan
À 1 kilomètre du centre-ville
Le dolmen se trouve en propriété privée non clôturée

Le plus grand dolmen de la Côte d'Azur

Même si vous avez déjà vu des dolmens, la masse de celui de la Pierre de la Fée, tranquillement posé dans un bel écrin végétal, provoque toujours un certain choc. Composé d'une dalle estimée à environ 25 tonnes, le dolmen de la Fée, de 6 mètres de long sur 2,35 mètres de haut, pèse au total environ 60 tonnes. Il aurait été érigé il y a 2 500 ans et aurait servi d'autel de sacrifices pour des cérémonies du culte druidique.

Son nom de « Pierre de la Fée » provient d'une légende : une fée déguisée en bergère aurait demandé à son amoureux de lui confectionner un lit composé d'une lourde pierre soutenue par deux autres. Après d'épuisants efforts pour rassembler les trois pierres et en dresser deux verticalement, le prétendant n'arriva point à soulever ni à mettre en place celle qui devait servir de lit. La fée, utilisant ses pouvoirs surnaturels, mit la pierre en place et en fit la surprise au jeune homme. Celui-ci, en vrai Méditerranéen, ne supporta pas l'affront et s'en alla mourir.

Frédéric Mistral parle de la pierre dans son poème *Calendal* où l'héroïne, dernière princesse des Baux, se nomme Esterelle.

L'on pourra aussi s'étonner de la partie haute d'une des pierres de soutien, manifestement reconstituée (et qui est d'ailleurs largement taggée). Il s'agit des séquelles du dynamitage de la pierre, perpétré par quelques Dracenois (habitants de Draguignan) n'acceptant pas le transfert, en 1974, de la Préfecture du Var de Draguignan à Toulon. Ils s'en prenaient ainsi au symbole prouvant l'antériorité de leur ville par rapport au port de guerre de la Méditerranée…

N.B. : Dolmen signifie « table de pierre » en breton.

À VOIR AUX ALENTOURS

L'INSCRIPTION DU MUR DU VIADUC DU RAYOL

16

Viaduc du Rayol. Ancienne voie ferrée 83830 Claviers
• Accès : sur la RD55 en direction de Grasse, à 5,5 kilomètres du village, prendre à gauche la route indiquée « voie ferrée ». Poursuivre sur cette voie étroite, passer sous deux ponts jusqu'au viaduc surplombant le vallon du Rayol.

Sur l'impressionnant viaduc du Rayol, au début du pont à droite, on peut lire sur un muret cette curieuse inscription : « Mort à Guillaume ! » Gravée par des conscrits du canton de Fayence en partance pour le front pendant la Première Guerre mondiale, avec leurs initiales, l'invective s'adresse à Guillaume II, dernier empereur d'Allemagne et dernier roi de Prusse. Bien qu'il ne fût pas directement à l'origine du déclenchement de la guerre, Guillaume II l'avait préparée par un armement intense et ne fit rien pour l'éviter. Il ne représentait pour ces conscrits qu'un monarque d'une nation ennemie, à qui il fallait reprendre l'Alsace et la Lorraine après la défaite de 1870.

MUSÉE DES MINÉRAUX ET FOSSILES

17

19, rue François-Maurel 83830 Bargemon
Pour les horaires sujets à changements, s'adresser à l'**office de tourisme de Bargemon** : 1, avenue Pasteur 83830 Bargemon
Tél. : 04 94 47 81 73 Entrée : 2 €

Le mystère des ammonites déroulées

Le musée des Minéraux et Fossiles de Bargemon, propriété de la mairie du village, présente plus de 3 000 pièces. Si les minéraux proviennent du monde entier, une grande partie des fossiles ont été découverts dans la région. Beaucoup d'ammonites sont présentées dont quelques très étonnants spécimens déroulés.

Les Alpes-Maritimes mais surtout les Alpes-de-Haute-Provence possèdent le plus grand nombre et les plus beaux spécimens d'ammonites déroulées. Un étage géologique porte d'ailleurs le nom de Barrêmien en référence au village de Barrême (Alpes-de-Haute-Provence) qui est la localité type de cet étage.

LES AMMONITES

Une ammonite est un mollusque céphalopode, enroulé comme un escargot, qui doit son nom à la « corne d'Ammon », une corne de bélier enroulée en spirale, qui ornait la tête du dieu égyptien Ammon. Les ammonites sont apparues au dévonien (ère paléozoïque, environ - 400 millions d'années) et ont disparu à la fin du crétacé (ère mésozoïque, environ - 100 millions d'années).

L'hypothèse de l'impact d'une météorite dans le golfe du Mexique (d'où l'aspect circulaire du golfe) à la limite du crétacé et de l'ère tertiaire (appelée limite KT par les scientifiques) emporte l'adhésion de la majorité de la communauté scientifique aujourd'hui. Il ne fait plus beaucoup de doute que cet impact aurait plongé la terre dans l'obscurité par la masse de matières envoyées dans l'atmosphère et aurait causé la fin des dinosaures (et celle des ammonites).

L'EX-VOTO DE LA TROMBE ÉLECTRIQUE

18

Notre-Dame-de-l'Ormeau 83440 Seillans
• Visites commentées tous les jeudis à 11h ainsi que les mardis à 17h30 en juillet et en août • Participation aux frais : 2 €
• Inscription à l'office de tourisme de Seillans

Un éclair sec et muet

Il est difficile de classer le phénomène climatologique qui frappa Seillans en avril 1892. Certains l'appelèrent « orage magnétique », d'autres « trombe électrique », mais nombreux furent les habitants qui accusèrent la « fée » électricité d'en être à l'origine.

Au début de l'année 1892, la vicomtesse Savigny de Moncorps obtint de la municipalité d'être raccordée à l'électricité pour alimenter sa parfumerie en énergie. Une condition avait été posée : les maisons se trouvant sur la route allant à la parfumerie devaient être, elles aussi, alimentées. Très peu de temps après, en avril 1892, survint cet orage particulier, composé d'éclairs sans tonnerre ni pluie. Un orage sec et muet en quelque sorte, qui terrorisa la population. Ces éclairs pénétrèrent même dans des maisons sans causer ni victime ni dommage. Ce fut évidemment la nouvelle énergie électricité que l'on accusa d'avoir offensé Dieu, seul détenteur des forces invisibles. Mais comme le phénomène semblait n'avoir été qu'un avertissement sans frais, les habitants remercièrent la Vierge et le Seigneur. Un ex-voto représentant un éclair rentrant dans un domicile fut peint et exposé dans la chapelle Notre-Dame-de-l'Ormeau et une croix portant l'inscription « En mémoire de la trombe électrique » fut érigée à côté de la chapelle Saint-Cyr. Pour une raison inconnue, la croix disparut et une partie fut retrouvée à la décharge de Seillans par les animateurs du Musée du Souvenir - 15 août 1944 où elle est désormais visible.

MUSÉE DU SOUVENIR - 15 AOÛT 1944
ZA La Bégude 83440 Brovès-en-Seillans
• Ouvert tous les jours de 14h à 18h • Visites commentée : 4 € adultes, 2 € enfants
• Tél. : 04 94 84 77 93

À VOIR AUX ALENTOURS

LES DEUX ROCS DE SEILLANS

19

Place Font-d'Amont 83440 Seillans

Juste à côté de la porte sarrasine, deux rochers émergent curieusement du sol à hauteur des maisons environnantes. Dans les années 1950, les maisons qui trônaient sur leur sommet s'effondrèrent mystérieusement. Ce jour-là, les habitants des maisons assistaient à un enterrement, pendant que, de leur côté, les enfants profitaient du jeudi, jour hebdomadaire de congé à l'époque, pour regarder la seule télévision du village, au foyer. Par miracle, l'incident ne fit donc aucune victime.

Les deux rocs ont été classés à l'inventaire des monuments historiques et l'on imagine l'étroitesse des pièces des maisons qui avaient été construites autour de tels rochers. Elles avaient en fait été édifiées sur les anciens remparts.

LE VILLAGE DE BROVÈS

20

Brovès-en-Seillans
83440 Seillans

Un village délocalisé

Le déménagement des particuliers d'un logement à un autre est vécu le plus souvent comme une épreuve. Que dire alors du déménagement de l'ensemble de la population d'un village à un autre village ? C'est pourtant le cas de Brovès-en-Seillans, qui se trouve au carrefour de la RD562 et de la RD53, sur la commune de Seillans. Son ancien emplacement, sur la RD25, au nord de Bargemon, se trouvait en effet dans l'emprise du projet de camp militaire de Canjuers.

Entre 1969 et 1972, le plateau de Canjuers fut annexé par l'armée et transformé en terrain de manoeuvre de 35 000 hectares. Aujourd'hui, cinq à six mille militaires habitent le camp, mais la « militarisation » de cette zone ne se fit pas sans remous : la lutte contre l'extension du camp du Larzac ayant, à l'époque, les faveurs des médias, l'affaire de Canjuers, malgré la très faible densité de population, fut vite médiatisée. En vain : le 4 août 1970, le village de Brovès fut « déplacé » à 35 kilomètres de sa position initiale et renommé Brovès-en-Seillans.

De la route, la vision du village de Brovès est poignante : l'église a gardé son clocher (mais pas sa cloche) et les toits de tuile, effondrés pour la plupart, ont été remplacés par de l'éverite rouge brique. La visite du village est formellement interdite et, outre les sanctions auxquelles s'exposent les contrevenants, l'état des bâtiments fait courir des risques graves à ceux qui s'aventureraient dans les rues.

Par contraste, le hameau de Brovès-en-Seillans, ressemble à un lotissement. Ne subsistent du village originel que la fontaine et le monument aux morts. Il faut ajouter que les sépultures ont aussi été déménagées du cimetière d'origine.

OFFICE DE TOURISME DE SEILLANS
1, rue du Valat 83440 Seillans
• Tél. : 04 94 76 85 91• Fax : 04 94 39 13 53

Châteauvert
Correns
Argens
Montfort-sur-Argens
Abbe du Thoronet
Le Thoronet
Bras
Carcès
Lac de Carcès
Vins-sur-Caramy
Le Val
Cabasse
Cambarette
Les Gaétans
Brignoles
La Celle
Le Luc
Le Cannet-des-Maures
Camps-la-Source
Montagne de la Loube
Flassans-sur-Issole
Ste-Anastasie-sur-Issole
Besse-sur-Issole
La Roquebrussanne
Gonfaron
Garéoult
Forcalqueiret
Rocbaron
Carnoules
Pignans
N.-D. des Anges
Néoules
Col de la Bigue
Puget-Ville
Méounes-lès-Montrieux
Pierrefeu
Cuers
Collobrières
Belgentier
Pierrefeu-du-Var
Forêt de
Col de Babaou
Solliès-Toucas
M A S S I F
Valcros
Les Hauts-de-Porquerolles
Solliès-Pont
Solliès-Ville
Les Laugiers
Forêt des Maures
Camp militaire
Pas-du-Cerf
Revest-les-Eaux
La Farlède
Le Coudon
La Verrerie
La Valette-du-Var
La Chaberte
La Crau
La Londe-les-Maures
Faron
Le Fenouillet
Hyères
La Moutonne
Port-de-Miramar
La Garde
Les Salins-d'Hyères
Carqueiranne
Ayguade-Ceinturon
Cabasson
Mourillon
Le Pradet
Cap de Brégançon
Costebelle
Les Oursinières
Hyères-Plage
Font-Brun
L'Almanarre
RADE D'HYÈRES
St-Mandrier-sur-Mer
Cap de Carqueiranne
Golfe de Giens
Salins des Pesquiers
La Capte
Cap Cépet
Presqu'île de Giens
Giens
Î L E S
La Tour-Fondue
Grande Passe
Porquerolles
Île de Porquerolles
Cap d'Arme
A 8
E 80
A 57
A 570
N 7
N 97
D 554
D 43
D 97
D 14
D 12
D 13
D 98
D 559
D 29
D 42

HYÈRES ET ALENTOURS

LES MENHIRS DE LAMBERT

1

Plateau de Lambert 83610 Collobrières
• Accès à pied exclusivement depuis Collobrières : soit par le GR90 depuis le village (env. 1h15 de marche avec forte déclivité), soit par la route forestière au départ de la croix d'Anselme, env. 1h15 de marche aussi. Pour cet itinéraire plus plat, quitter Collobrières en direction de Grimaud. À la patte d'oie à 3 km du village, prendre à droite vers Grimaud. 2,8 km plus loin, prendre à droite vers la chartreuse de la Verne. À 200 m à droite se trouve un parking. La route forestière, strictement interdite aux véhicules, part du fond du parking. Les menhirs se trouvent sur le plateau de Lambert 6 km plus loin, juste après la maison forestière.

« Le mystère reste entier »

Sur le magnifique plateau de Lambert, à 471 mètres d'altitude, se trouvent les deux plus beaux menhirs du Var (3,15 mètres et 2,82 mètres de hauteur) et sans aucun doute du sud-est de la France. Datés d'une période allant de la fin du néolithique à la fin de l'âge de bronze, ces deux monolithes sont en gneiss micacé de provenance locale et l'on pense avoir trouvé le lieu d'où ils ont été extraits à une centaine de mètres de leur emplacement.

À quel usage étaient destinés ces deux menhirs ? Bornes, idoles primitives, capteurs d'énergie ? La question reste entière.

Autour des menhirs, on admirera de très beaux châtaigniers centenaires et des souches colossales.

À VOIR AUX ALENTOURS

MAIRIE DE COLLOBRIÈRES

2

Place de la Libération-15-Août-1944 83610 Collobrières
De 9h à 12h et de 15h30 à 17h30 du lundi au vendredi

Dans le hall d'accueil de la mairie de Collobrières, deux vitrines présentent les minéraux caractéristiques du massif des Maures dont les très curieux grenats sur gangue de micaschiste. Ces grenats sont opaques et n'ont pas la transparence qui permet d'obtenir des pierres fines, comme les grenats de Bohème.

LE PLUS GRAND DOLMEN DU VAR : LE DOLMEN DE GAOUTABRY

3

Piste Notre-Dame-des-Maures 83250 La Londe-les-Maures
• Accès : la piste, interdite à la circulation publique, part de la RD88 à 4 km au nord du village. Un panneau indicateur annonce le dolmen. Il faut compter environ 45 min pour accéder au dolmen par un large chemin en pente douce.

Découvert en 1876, le dolmen de Gaoutabry* date de la fin du néolithique, début de l'âge du cuivre (2 500 ans av. J.-C.). Il s'agit de l'un des plus vieux dolmens de la région et du plus vieux vestige découvert sur la commune, témoignant d'une présence humaine dès l'époque chalcolithique. Protégé au titre des Monuments historiques depuis 1988, le dolmen est rectangulaire et d'une surface de 9 m^2. Construit avec des dalles de phyllades, taillées dans les alentours et aménagées sur place, il ne possède pas de dalle tabulaire en guise de toit. Celle-ci a peut-être été cassée et les débris éparpillés, à moins qu'elle n'ait été constituée de végétaux qui reposaient sur des rondins, comme le laissent supposer les interstices entre les dalles latérales et les encoches de certaines d'entre elles.

* Du provençal « caud » (chaud) ou « gaouto » (joue de colline) et « abri », le nom de l'abri funéraire évoque sa position au sommet d'une petite colline bien ensoleillée.

LA CHEMINÉE-TUNNEL DE LA LONDE

4

La Fonderie 83250 La Londe-les-Maures
• Accès : pour voir la cheminée-tunnel dans son intégralité, mais de loin, le meilleur emplacement est le rond-point Ducourneau (parking). Pour approcher la cheminée, abandonner l'idée d'y aller en voiture. Le chemin et le site sont privés. Par la promenade des Annamites et en empruntant (à pied) le chemin d'Azureva, on contournera le village de vacances par la gauche et l'on verra le départ de la cheminée protégée par de hauts grillages... • La meilleure solution consiste à s'inscrire à la visite guidée régulièrement organisée par l'office de tourisme de La Londe : « Sur les traces des mineurs ». • Tarif 3,50 €.

La plus longue cheminée d'Europe

La découverte de filons de plomb et de zinc vers 1875 fut à l'origine d'un véritable boom économique du quartier de La Londe. Le village était dès lors en mesure de demander son détachement de la commune d'Hyères et l'obtint en 1901.

Avec un tonnage d'environ 7 millions de tonnes de minerai brut, les mines de La Londe étaient alors les plus importantes mines métallifères de France. Un chemin de fer assurait le transport des ouvriers et acheminait le minerai des différents gisements vers le port de l'Argentière. On peut suivre le tracé des voies disparues aujourd'hui en empruntant le chemin des Annamites.

Cette exploitation a bien sûr énormément marqué le paysage, encore ponctué de nombreux vestiges et édifices miniers : puits, galeries, descenderies, supports de machines, plan incliné, bassins de lavage, fonderie, corons, bâtiments administratifs. L'élément le plus remarquable de ce riche patrimoine minier est la cheminée-tunnel de la fonderie de plomb, construite en 1897 à titre expérimental sur près d'un kilomètre de colline, ce qui la classe comme la plus longue d'Europe.

L'épuisement du filon de l'Argentière, et la chute des cours des métaux à partir de 1904 furent le point de départ d'un lent abandon de l'exploitation qui cessa définitivement en 1929. À cette époque, Schneider installa une usine de torpilles à La Londe.

OFFICE DE TOURISME DE LA LONDE-LES-MAURES
Avenue Albert-Roux 83250 La Londe-les-Maures
• Tél. : 04 94 01 53 10 • Fax : 04 94 01 53 19
Mail : lalonde.tourisme@wanadoo.fr • www.ot-lalondelesmaures.fr

LE PARC SAINTE-CLAIRE

5

Avenue Edith-Warthon
83400 Hyères
Ouvert de novembre à mars de 8h à 17h, en avril, mai, septembre et octobre de 8h à 18h, et de juin à août de 8h à 19h
Entrée gratuite

« Le château de l'homme qui a découvert la Vénus de Milo

Du parc Sainte-Claire qui domine la ville d'Hyères, la vue sur les îles d'Or (Porquerolles, Port-Cros et Le Levant), la presqu'île de Giens et l'arrière-pays est superbe. Les bureaux du Parc national de Port-Cros (et du Conservatoire botanique national de Porquerolles) sont abrités dans un curieux château baroque qui semble fait en carton-pâte.

Olivier Voutier, son premier propriétaire, est inhumé dans le parc, à la tour du Drapeau, au-dessus du château. Officier de marine originaire de Thouars (Deux-Sèvres), celui-ci embarqua à Toulon sur la goélette L'Estafette, qui faisait escale à Milos (Milo), île de l'archipel des Cyclades en Grèce. Le 8 avril 1820, ce passionné d'archéologie rencontra un paysan nommé Yorgos qui avait mis à jour une statue en marbre. La Vénus de Milo venait de sortir de terre. Décidé à rapporter ce chef-d'œuvre en France, Voutier n'en avait cependant pas les moyens financiers et diplomatiques (la Grèce était encore sous dépendance turque). La France envoya alors le célèbre Dumont-Durville pour conclure l'affaire et quatre mois plus tard, la statue arrivait au Louvre. En 1821, Olivier Voutier démissionna de la Royale par aversion pour le régime de la Restauration et s'engagea par conviction dans l'armée grecque qui luttait pour l'indépendance. Il fut nommé colonel puis, à sa retraite, s'installa à Hyères. Il y fit construire le Castel Saint-Claire sur le modèle du fort de Talente, en face de l'île de Négrepont (île grecque située le long de la Béotie), où il s'était battu. On dit que juste avant son dernier soupir, il prononça ce seul mot : « Vénus ».

À VOIR AUX ALENTOURS

UNE PIERRE QUI SERVAIT À PRÉDIRE L'AVENIR

6

On peut aussi accéder au parc par la rue Sainte-Claire. En tournant à droite à l'entrée du parc, on monte la rue Saint-Pierre et l'on découvre peu après une curieuse pierre comportant de très nombreux petits creux. Cette pierre à cupules, de 13 mètres de long sur 3 mètres de large, date du néolithique. On suppose qu'elle servait à prédire l'avenir en observant le chemin de l'eau dans le dédale de ces cupules creusées à la main avec des outils rudimentaires.

LA ROUTE DU SEL

Pendant près de six siècles, la Route du Sel fit la fortune ou la ruine de villes-étapes. Des milliers de mulets transportant chacun près de 80 kilos de « charge » (la « charge » étant d'ailleurs une unité de mesure du Comté de Nice) empruntaient les mauvais chemins des Alpes et les cols enneigés.

L'itinéraire tenait compte des obstacles naturels et des aléas politiques. La vallée du Var, qui servait de frontière avec les États de Provence, était par exemple considérée comme trop exposée et les vallées de la Tinée (aux mains des Grimaldi) et de la Roya (possédée par les Lascaris de Tende) n'offraient, quant à elles, pas assez de garanties en raison de l'instabilité de leur souveraineté.

Les convois partaient par la vallée du Paillon (qui arrose Nice) et se désaltéraient à Saint-André-de-la-Roche. Une première version de l'itinéraire rejoignait l'Escarène, Lucéram et Sospel en faisant un long détour pour éviter les gorges de la Vésubie. En 1433, un personnage hors normes vint proposer un nouvel itinéraire : Paganino del Pozzo, un entrepreneur de gabelle (*) de Nice dont la famille était établie à Cuneo, proposa de construire à son compte une route plus sûre et plus rapide, à condition de lui laisser percevoir un droit de péage sur les marchandises en transit. Sa route passait par Levens et Utelle, où était effectué un contrôle des sacs pour savoir si le poids réel correspondait à celui qui avait été déclaré. Il fallait au total environ un jour et demi pour rejoindre Saint-Martin-Vésubie, dernière étape avant les cols des Alpes, dont la prospérité était due à son statut de magasin de stockage des denrées en transit entre Piémont et Méditerranée. Selon les circonstances, le convoi franchissait les Alpes au col de la Madone de Fenestre (voir Saint-Martin-Vésubie page 99) ou au col d'Arnovo. L'entrée en Italie se faisait ensuite par Borgo-San-Dalmazzo et Cuneo.

Paganino, dont la population déforma le nom en « Pagari » (*pagare* veut dire « payer » en italien), se fit construire une riche maison dite « Paganino » ou « Palais du Sel », encore visible aujourd'hui Via Roma à Cuneo. Il se ruina ensuite en voulant étendre son concept de Route du Sel à péage à la vallée de la Roya. Il laissera au moins un dicton qui résume mieux qu'un long discours le fatalisme du peuple : « Tant que Pagari paghara Lo Pas passara Quant Pagari paghara plus Lo pas passara plus... » Ce que l'on traduit par « tant que Pagari (Paganino del Pozzo) paiera, le col sera franchissable ». Dans une variante du dicton est rajouté le « si » italien, ce qui donne : « tant que Pagari SE paiera (tant qu'il encaissera la taxe). »

(*) Les gabeliers ou « entrepreneurs de gabelle » étaient des fermiers à qui les ducs de Savoie concédaient la perception des taxes et le transport du sel.

Pour en savoir plus : *La Route du sel*, Henry Mouton, collection L'Ancre Solaire, éditions Serre, Nice.

LES VIEUX-SALINS D'HYÈRES

7

Port Pothuau
Les Salins-d'Hyères
83400 Hyères

Vestiges de l'or blanc

À partir du Xe siècle, les moines de l'Abbaye de Montmajour, tout près d'Arles, asséchèrent les marécages à l'est d'Hyères pour les aménager en marais salants. La technique n'a que peu évolué depuis cette époque : l'idée est d'acheminer l'eau de mer, dont chaque litre contient environ 30 grammes de chlorure de sodium (le nom savant du sel), dans des bassins d'évaporation appelés « tables ». Il n'y a plus qu'à attendre la cristallisation pour récolter ainsi ce produit naturel.

Si le sel était « la plus noble des nourritures, le condiment par excellence » selon Plutarque, il servait également d'agent conservateur majeur dans le passé. Assez rare, le sel était donc cher et les pouvoirs en place l'ont toujours lourdement taxé (voir la définition de la gabelle à la page 173, à propos de la chaise à sel de Gourdon).

Outre son utilisation locale, le sel des Salins-d'Hyères fut à l'origine de la légendaire Route du Sel à destination du Piémont, du XIVe au XIXe siècle : le sel était ainsi transporté dans des barges ou des felouques, déchargées à Nice, d'où il repartait par des convois terrestres à dos d'ânes ou de mulets.

Le treuil des Salins-d'Hyères, sorte d'écluse de sécurité, se trouve sur le pont qui traverse le petit canal qui va à la mer, juste avant les parkings. Il servait à fermer la porte du canal couvert dans lequel les navires chargés de leur précieuse cargaison attendaient le jour pour prendre la mer. Il s'agissait en effet de dissuader les voleurs et les « faux-sauniers » (contrebandiers du sel) attirés par cet or blanc.

À noter que les Salins-des-Pesquiers, sur l'isthme de la presqu'île de Giens, ont été créés artificiellement en 1848. Le site, ainsi que celui des Salins-d'Hyères, ont cessé leur activité depuis peu de temps : 1966 pour les Salins-d'Hyères et 2001 pour les Salins-des-Pesquiers. C'est dans les greniers du cours Saleya (d'où le nom) à Nice que le sel en provenance des Salins-d'Hyères était stocké. Le Conservatoire du littoral s'est porté acquéreur de l'ensemble des salins.

LA RÉSIDENCE SIMONE BERRIAU

8

22-28, boulevard du Front-de-Mer
Les Salins-d'Hyères
83400 Hyères
• Appartement grand confort de 3 pièces en location saisonnière
• Vue panoramique, climatisation
• De 350 € à 800 € la semaine selon la saison
• Contact : Anne-Lise Mortelmans au 04 94 38 94 72 ou au 06 84 39 83 42
• Mail : annelisemortelmans@hotmail.com

Avant la ferme célébrités, la résidence célébrités

Si les appartements avec vue sur mer et les îles, plage de sable privée (à 10 mètres), piscine et port privés sont relativement fréquents, la résidence Simone Berriau a quelque chose en plus.

Voyant sa carrière artistique de chanteuse d'opéra contrariée par un grain de poivre sur une corde vocale (!), Simone Berriau se lança au début des années 1940 dans la production et le théâtre. Propriétaire du théâtre Antoine, elle fréquentait le milieu artistique et, un jour lui vint l'envie de rassembler tout ce beau monde dans le Midi pour les vacances : la résidence où les copropriétaires étaient tous des gens du spectacle était née. En 1963, les trois immeubles sortaient de terre et l'on pouvait y croiser Marcel Achard, Jean Richard, Georges Guétary, Robert Dhéry, André Castelot, Michel Serrault, Jacques Legras, Louis de Funès et bien d'autres vedettes du théâtre ou du cinéma.

Baptisés « La chatte sur un toit brûlant », « Vu du pont » ou « L'heure éblouissante », les appartements font partie d'une résidence conçue par l'architecte toulonnais Pierre Pascalet. Celui-ci a également dessiné d'immenses mosaïques et imaginé les coursives de circulation externes reliées par des escaliers qui forment des tours arrondies. Aujourd'hui, plus de 40 ans après sa construction, la résidence Simone Berriau ne se démode pas et assume ses choix architecturaux très proches de ceux de l'hôtel Latitude 43 de l'architecte Pingusson à Saint-Tropez (laissé à l'abandon depuis).

Aujourd'hui bon nombre des artistes ont disparu et leurs appartements revendus à des résidents plus anonymes mais tous les Hyérois bénissent encore le nom de Simone Berriau. C'est elle qui avait obtenu du Premier ministre de l'époque, Pierre Messmer, que les avions de la base aéronavale d'Hyères cessent de s'entraîner pendant le mois d'août…

ALL SAINTS CHURCH

9

Boulevard Félix-Descroix
83400 Hyères

Une chapelle anglicane abandonnée

Perdue dans un sous-bois de pins, la chapelle All Saints Church est située en face du collège Gustave-Roux dans le quartier de Costebelle. Elle n'est visible que de l'extérieur, le terrain sur lequel elle se trouve ayant été clôturé afin de dissuader les squatters. Laissée à l'abandon, son état se dégrade et rien n'est prévu pour la sauvegarder malgré son intérêt historique. Au XIXe siècle, Hyères était devenue la ville favorite des hivernants anglais et la reine Victoria, qui séjourna plusieurs fois dans le midi de la France, vint même à Hyères en 1892. Bien qu'il existât en ville un lieu de culte depuis 1853 et une église anglicane de style néogothique consacrée en 1884 (voir plus bas), la reine souhaitait avoir une chapelle à proximité des hôtels où elle résidait, dans le quartier de Costebelle, afin d'y venir aisément plusieurs fois par jour. Elle fit donc bâtir la chapelle All Saints Church en 1892. La Reine n'est jamais revenue à Hyères et la chapelle fut peu à peu abandonnée.

À VOIR AUX ALENTOURS

L'ÉGLISE ANGLICANE

10

22, avenue David-Beauregard
(angle de l'avenue Godillot)
83400 Hyères

L'église anglicane de Hyères fut construite par l'architecte Chapoulart entre 1883 et 1884 sur un terrain offert par le promoteur et industriel Alexis Godillot (dont le nom est entré dans l'histoire militaire pour désigner les chaussures des soldats). Si le culte anglican y a été pratiqué jusqu'en 1950, l'église est aujourd'hui devenue un lieu culturel municipal. Dans le jardin entourant l'église, on a conservé un panneau routier d'époque particulièrement anachronique aujourd'hui : « Avenue Alexis-Godillot. Défense aux voitures non suspendues de passer par cette avenue ». Il s'agissait, dans le temps, d'éviter que les charrettes et autres attelages ne défoncent le fragile bitume de l'avenue.

CHAPELLE NOTRE-DAME-DE-CONSOLATION

11

Boulevard Félix-Descroix 83400 Hyères

Tout près de l'institut Pomponiana (voir page 229), juste au-dessus de la chapelle anglicane All Saints Church (voir ci-dessus), une autre Vierge à l'Enfant, tout aussi monumentale, semble se tenir en porte-à-faux sur la façade de Notre-Dame-de-Consolation. La statue en ciment coloré a été réalisée par Jean-Lambert Rucki, un artiste né en Pologne qui partagea la vie de bohème de Modigliani.

LA FONTAINE MARIANNE STEWART

12

Place Théodore-Lefebvre 83400 Hyères

« Soyez bons avec les animaux, n'oubliez jamais qu'ils travaillent pour nous et qu'ils souffrent comme nous »

La fontaine qui se dresse sur la place Théodore-Lefebvre à Hyères, devant la médiathèque, est en fait un abreuvoir. Il fut commandé (et réalisé à titre posthume) par une résidente britannique, qui voulait remercier la ville d'Hyères de l'avoir accueillie, et étancher la soif de ses habitants à pattes.

Aujourd'hui écourtée en « The Drinking Fountain Association », « The Metropolitan Drinking Fountain and Cattle Trough Association » fut créée en Angleterre en 1859. La reine Victoria contribua financièrement à l'association et, à l'instar de Marianne Stewart à Hyères, donna de l'argent à ses hôtes de la Côte d'Azur pour édifier des abreuvoirs essentiellement destinés aux animaux.

À Hyères, l'abreuvoir Marianne Stewart approvisionne six bassins, dont deux très bas de margelles. Mais force est de constater que la plupart du temps, il n'y a pas un chat autour du monument... Pour les humains, il est également possible de se désaltérer l'esprit à la lecture du texte bilingue gravé dans la pierre de Cassis : « En mémoire affectueuse de Marianne Stewart décédée le 18 août 1900 après avoir joui des beautés et du climat d'Hyères pendant de nombreuses années. Elle s'était consacrée aux œuvres d'humanité et son dernier désir fut que l'on construisit un abreuvoir pour désaltérer les animaux dans la ville qu'elle aimait tant. Ce vœu a été réalisé par son amie et collaboratrice G.L. Bagnell. » Sur une autre face de l'abreuvoir, on trouve ces mots dont l'auteur est inconnu : « Soyez bons avec les animaux, n'oubliez jamais qu'ils travaillent pour nous et qu'ils souffrent comme nous. »

Pour en savoir plus sur les missions humanitaires de : « The Drinking Fountain Association » : www.drinkingfountains.org.

L'INSTITUT DE RÉÉDUCATION FONCTIONNELLE POMPONIANA OLBIA

13

Route de l'Almanarre 83407 Hyères
• Tél. : 04 94 35 94 35

Une Vierge à l'Enfant monumentale veille sur les patients

Contigu au site archéologique d'Olbia (*), l'institut de rééducation fonctionnelle Pomponiana (**) Olbia occupe un immense terrain qui allait autrefois jusqu'à la mer. Peu visible de la route, une monumentale statue de Vierge à l'Enfant orne le bâtiment principal. Réalisée en 1937 par Carlo Sarrabezolles, la statue mesure 6,50 mètres de hauteur et a été sculptée selon une technique inventée par l'artiste : sans maquette et par taille directe du béton en prise (l'artiste fut contraint d'exécuter son œuvre en un temps très court, avant que le béton ne se solidifie).

L'histoire de cet institut est représentative de la fonction médicale de la ville d'Hyères au XIXe siècle. Elle offrait aux phtisiques, si ce n'est la guérison, une fin de vie sous les palmiers et au soleil… Plusieurs sanatoriums ont ainsi fleuri en bord de mer ou sur les hauteurs, dont celui de Pomponiana, créé par le chanoine Mourot (1866-1948). Ouvert en 1923, l'institut s'est consacré à la tuberculose jusqu'en 1979 et accueille aujourd'hui des handicapés cérébro-moteurs.

Pour en savoir plus sur le sculpteur Carlo Sarrabezolles, consulter le site : http://sarrabezolles.chez-alice.fr

(*) Olbia : comptoir commercial fondé au IVe siècle avant notre ère par des marins grecs venant de Massalia. *Olbia* veut dire « heureuse » en grec.
(**) Pomponiana : au IIe siècle avant notre ère, les Romains établissent une station de galères à côté d'Olbia et qu'ils nomment Pomponiana.

À VOIR AUX ALENTOURS

LA FAUSSE TOMBE DE SAINT-EXUPÉRY

14

Cimetière de Carqueiranne Chemin du Petit-Lac 83320 Carqueiranne
Prendre la première allée à gauche et aller au fond. La tombe est contre le mur d'enceinte.

En septembre 1944, le cadavre d'un pilote était trouvé sur la rive de l'anse de Port-Maurice à Carqueiranne. Pierre Lamazzi, le croque-mort de l'époque s'empressa d'enterrer le corps. Lorsque l'on s'inquiéta de savoir comment avait disparu Antoine de Saint-Exupéry et où reposait l'épave de son avion, on émit alors dans le village l'hypothèse que le corps inhumé au cimetière, un mois après la date de disparition de l'auteur du *Petit Prince* (le 31 juillet 1944), pourrait être le sien. La tombe fut ainsi surnommée « la tombe de l'écrivain ». La famille ayant refusé toute exhumation, le mystère subsista même après la découverte de la gourmette de l'aviateur (***). Il a fallu que soit retrouvée l'épave de son Lightning P 38, le 24 mai 2000 près de l'île de Riou, pour que cessent les rumeurs. À ce jour deux questions demeurent pourtant : quelle fut la cause de la chute de l'avion de Saint-Exupéry au large de Marseille et qui est enterré dans le cimetière de Carqueiranne ?

(***) Le 7 septembre 1998, le pêcheur Jean-Claude Bianco pêche au large de Marseille une gourmette en argent de 38 grammes sur laquelle il lit l'inscription suivante : « Antoine de Saint-Exupéry et Consuelo (le prénom de sa femme) chez Reynal and Hitchcock Inc. 386, 4th Avenue, New York, USA (le nom et l'adresse de son éditeur américain) ».

MUSÉE DE LA MINE DU CAP-GARONNE 15

1000, chemin du Baou-Rouge 83220 Le Pradet
Tél. : 04 94 08 32 46 Fax : 04 94 08 72 50
Mail : info@mine-capgaronne.fr www.mine-capgaronne.fr
Horaires : vacances scolaires (toutes zones) tous les jours de 14h à 17h ; en juillet et Août de 14h à 18h ; hors vacances scolaires le mercredi, samedi, dimanche et jours fériés de 14h à 17h.
Adultes : 6,20 € Tarif réduit : 3,80 €

« Des minéraux uniques au monde dans une mine désaffectée

Contrairement à ce que pourrait laisser penser son nom, la mine du Cap-Garonne se trouve au Pradet dans le Var (en provençal, *garonna* signifie « cours d'eau » ou « canal »). La mine est aujourd'hui devenue un musée attrayant et pédagogique et possède un fabuleux labyrinthe en sous-sol où des surprises toutes plus insolites les unes que les autres se succèdent.

Exploitées depuis le XIXe siècle pour en extraire le cuivre, les mines furent abandonnées au début du XXe siècle. Les galeries souterraines furent transformées en champignonnières mais, dès les années 1970, la vogue des minéraux attira de nombreux pillards… Ceux-ci n'hésitèrent pas à utiliser des explosifs pour extraire les minéraux rares et les splendides cristaux qui se trouvaient sur place. 139 minéraux différents ont ainsi été identifiés au Cap-Garonne, les plus spectaculaires étant l'azurite, la malachite, l'olivénite et la cyanotrichite.

Le site est également unique au monde pour les 11 espèces minéralogiques nouvelles, qui furent décrites pour la première fois à Cap-Garonne : la capgaronnite, la géminite, la thérèsegnanite, etc. Plusieurs de ces minéraux ainsi que 600 espèces différentes sont exposées dans la grande salle des pyramides, avec une mise en lumière et un aménagement magnifiques.

La mine de Cap-Garonne est également connue des minéralogistes du monde entier pour sa collection de microminéralogie : des vitrines permettent d'en avoir un aperçu avec des instruments optiques fortement grossissants.

Une partie de l'exposition montre aussi les différentes utilisations du cuivre. Depuis les instruments de marine jusqu'au fil de cuivre, on appréciera l'humour des concepteurs du musée qui ont fait fondre des cloches au nom des collectivités locales qui ont subventionné le projet, la taille des ouvrages étant proportionnelles à la hauteur de leurs contributions… Insolite aussi, le cylindre d'héliogravure en cuivre, don du magazine *Télé 7 jours*, qui permet de consulter les programmes de télévision de la semaine du 9 juillet 1994.

SOLLIÈS-PONT

LES DEUX CHAPELLES SAINTE-CHRISTINE 16

Chemin de Sainte-Christine, 83210 Solliès-Pont
• Sortez de l'autoroute A 57 à Solliès-Pont (sortie n° 7). Sur la bretelle de sortie, prenez à gauche vers Solliès-Toucas. Au premier rond-point, petit panneau à droite vers Sainte-Christine. Après environ 300 m, prenez à gauche le chemin de Sainte -Christine. À la barrière interdisant l'accès aux véhicules, garez la voiture et comptez environ vingt minutes de montée.

"Querelle de clochers...

Curieuse vision sur la colline au-dessus des deux villages de Solliès-Toucas et de Cuers : les deux chapelles, bien que toutes deux consacrées à sainte Christine, se tournent le dos et sont à peine séparées de quelques centimètres sur la frontière entre les deux communes.

Comment en est-on arrivé là ? La légende raconte qu'un prince grec, naviguant au large de Toulon, fut pris dans une tempête et jura, s'il en réchappait, de construire sur la colline qu'il apercevait à travers les bourrasques, une chapelle dédiée à sainte Christine. Précisons que l'on connaît deux saintes Christine, l'une de Tyr, qui subit des tortures atroces dont elle sortait toujours indemne et souriante, et l'autre de Rome, qui fut percée de flèches près du lac de Bolsena.

Le prince survécut et la chapelle, devant être construite sur la colline où passe la frontière entre les deux villages, fut à l'origine d'un différend : les deux communes ne purent se mettre d'accord et chacune construisit une chapelle sur son territoire. Aujourd'hui encore, le sujet n'est pas mis en avant par les dépliants touristiques et aucun fléchage ne conduit aux chapelles.

Les chapelles sont le plus souvent fermées et il est pratiquement impossible de les visiter et d'admirer leurs nombreux *ex-voto.* Mais la vue depuis le sommet de la colline vaut à elle seule le détour.

OFFICE DE TOURISME DE CUERS	OFFICE DE TOURISME DE LA VALLÉE DU GAPEAU
18, place de la Convention, 83390 Cuers • Tél. : 04 94 48 56 27 • Fax : 04 94 28 03 56 • e-mail : odt.de.cuers@wanadoo.fr	5, rue Gabriel-Péri, 83210 Solliès-Pont • Tél. : 04 94 28 92 35 • Fax : 04 94 33 63 55

À VOIR AUX ALENTOURS 17

Au fronton de l'église du village de Solliès-Toucas est écrite en lettres d'or la curieuse phrase latine suivante : « *Sol iste jam ipso bis cruce ligatis aut ecce solis aedes jam veri cruce fulgens.* » Ce qui voudrait dire : « *Le soleil est déjà lié deux fois à la croix* », et « *voici le temple du soleil maintenant resplendissant de la croix de vérité* »...

En face de l'église, sur le mur de la mairie, une autre plaque, laïque cette fois, mais toujours en lettres d'or sur marbre blanc, commémore la libération de la commune des « *hordes germaniques* »... pour préparer l'Europe et réserver le meilleur accueil à nos voisins d'outre-Rhin.

LE BRAS DE SAINT PIERRE

18

Notre-Dame de l'Assomption
Place Bernard, 83390 Cuers
• Pour voir le bras de saint Pierre, il faut impérativement prendre rendez-vous auprès de l'office de tourisme.

> ***Une relique prestigieuse rapportée de Rome au XIVe siècle par Gantès le Brave, né à Cuers en 1328***

À Cuers, saint Pierre est très présent, et de manière assez insolite.

Si l'église du village s'appelle aujourd'hui Notre-Dame de l'Assomption, elle était dénommée collégiale Saint-Pierre avant la Révolution. Sa porte latérale (et pourtant principale) est surmontée d'une niche dans laquelle on voit un saint Pierre levant la tête.

Du sol, il est difficile de comprendre qu'il regarde le ciel d'un air courroucé. C'est pourtant le cas, même si personne ne peut expliquer pourquoi… Sur le linteau de la même porte, il faut là aussi le savoir, on aperçoit le bras de saint Pierre. C'est une réplique en pierre de l'exceptionnelle relique qui se trouve à l'intérieur de l'église, dans la chapelle Saint-Pierre, protégée par une porte en bois qui représente à nouveau le bras du saint. Particularité de cette relique, le bras a deux doigts en moins. Si, par chance ou sur rendez-vous, vous pouvez voir s'ouvrir cette protection, vous verrez, derrière une grille en fer aux mailles serrées, un bras en vermeil (argent recouvert d'or) contenant une partie d'un bras du saint.

C'est Jean de Gantès, dit Gantès le Brave, né à Cuers en 1328, qui rapporta de Rome le cadeau que lui avait fait le pape Clément VI pour le remercier de son courage et de sa loyauté envers la reine Jeanne de Naples, comtesse de Provence.

LES SURNOMS DES CUERSOIS

Les « *manja sauma* » ce qui veut dire les mange-ânesses. Ce surnom viendrait du siège de 1383 par les Toulonnais, qui obligea les habitants à manger des ânesses pour survivre. On dit aussi que c'est pendant la répression sanglante conduite contre les habitants de Cuers par les soldats de Louis-Napoléon Bonaparte qu'un forgeron fut forcé « à bouffer » son tablier en peau d'ânesse.

Les « *brulo frema* » ce qui veut dire les brûle-femmes. Ce surnom rappelle qu'en 1779 fut brûlée à Cuers une femme considérée comme la dernière sorcière à subir ce sort en Provence.

LE MONUMENT DU DIXMUDE

19

Boulevard Henri-Guérin, 83390 Pierrefeu-du-Var
• Les Amis du Dixmude - Maison des associations, 83390 Pierrefeu-du-Var
• Contact : M. Tissier (Tél. : 04 94 28 23 27)
• Lien sur l'histoire des dirigeables à Cuers et Pierrefeu-du-Var
http://perso.wanadoo.fr/m.coterot/

Feu le dirigeable

À la sortie du village de Pierrefeu-du-Var vous attend une surprise de taille : un monument en forme d'aile de 14 mètres de haut… Le monument du *Dixmude**.

Pendant la Première Guerre mondiale, qui a inauguré la guerre aérienne, les ballons dirigeables ont montré leur efficacité pour les bombardements, la reconnaissance navale ou terrestre et l'escorte des convois. Ce sont les forces allemandes qui ont fabriqué les engins les plus performants sous le nom de Zeppelin, du nom de leur concepteur. Le principe était de tendre une enveloppe emplie d'hydrogène sur une structure en alliage léger.

Dans l'histoire de ces Zeppelin, dont le premier vol eut lieu en 1900, notons le premier bombardement aérien de Paris, en 1916, la première traversée commerciale de l'Atlantique, en 1928, et l'incendie du *Hindenburg*, qui fera 35 victimes à New York en 1937, et qui scellera la fin de la saga des dirigeables et de leur défaut principal : être gonflés de gaz inflammable.

Au début des années 20, dans le cadre des réparations de guerre, l'Allemagne dut fournir à la France deux de ses énormes dirigeables, dont celui qui sera rebaptisé *Dixmude*. Long de 266 mètres, haut de 28 mètres et contenant près de 70 000 m^3 d'hydrogène, le dirigeable fut convoyé jusqu'à la base de Cuers-Pierrefeu où l'on venait d'achever la construction d'immenses hangars.

Le 21 décembre 1923, le dirigeable, sans doute touché par la foudre, explosa en vol au large des côtes de Sicile. Seul le corps de son commandant, le lieutenant de vaisseau du Plessis, fut rejeté par la mer, qui avait englouti les 49 autres corps. Il fut alors décidé d'ériger ce monument de granit corse.

Une association, « Les Amis du *Dixmude* », perpétue la mémoire de cette tragédie. On peut contacter l'ancien président de l'association, M. Tissier, toujours disponible pour raconter cette dramatique histoire.

À côté de Pierrefeu-du-Var, la Marine nationale utilise toujours l'aérodrome qui abrite, soigneusement rangée dans une caisse en bois, une maquette d'un réalisme saisissant du *Dixmude*, longue de 3 m. Il serait judicieux de la sortir un jour de son emballage…

* Le nom de *Dixmude* honore la mémoire de la résistance belge. L'armée belge y résista héroïquement aux assauts de l'armée allemande en novembre 1914.

OFFICE DE TOURISME DE PIERREFEU-DU-VAR
20, boulevard Henri-Guérin, 83390 Pierrefeu-du-Var • Tél. : 04 94 28 27 30
• Fax : 04 94 28 21 78 • e-mail : contact@ot-pierrefeu.com

LES EX-VOTO DU SANCTUAIRE NOTRE-DAME-DES-ANGES

20

Frères franciscains de l'Immaculée, 83790 Pignans
• Tél. : 04 94 59 00 69
• e-mail : ffindanges@immacolata.com
•Le sanctuaire est ouvert t. l. j., messe tlj à 7h et le dim à 10h30 et 17h

> **Un caïman dédié à la vierge Marie**

À 10 kilomètres de Pignans, sur un sommet du massif des Maures dont on voit de loin l'émetteur se niche la chapelle Notre-Dame-des-Anges qui mérite une visite pour son exceptionnelle collection d'*ex-voto,* dont certains ont malheureusement été volés.

L'un d'entre eux, suspendu au plafond de la chapelle, est un vrai caïman empaillé qui serait, dit-on, l'une des victimes du fusil de Jules Gérard (voir page 238). L'*ex-voto* le plus émouvant est probablement celui qui sert de photo de couverture au petit fascicule d'Henry Levert (vendu 10 € par les moines), et qui représente une scène d'exécution de quatre hommes par un peloton de onze soldats avec en fond la rade de Toulon. Dommage qu'ait été volé celui qui montrait un chasseur de Pignans dont le fusil avait explosé et qui se trouvait entouré de flammes « *tandis que l'Enfant Jésus, dans les bras de sa mère, faisait pipi sur le fusil* » (*La Provence mystérieuse,* éditions Tchou).

La légende raconte que Nymphe, sœur de saint Maximin et servante de Marie-Madeleine, aurait séjourné ici bien avant que la chapelle actuelle soit édifiée, au XIXe siècle. Elle y aurait sculpté elle-même la statue de la Vierge qui s'y trouve encore. La statue fut perdue, puis retrouvée cachée dans les buissons. Les paroissiens de Pignans la mirent alors à l'abri dans leur église, mais la statue regagna toute seule les buissons. Il fut alors décidé de venir en pèlerinage chaque année à Notre-Dame-des-Anges, le premier dimanche de juillet. Depuis 2001, les moines de l'ordre des frères franciscains de l'Immaculée vivent la règle de leur ordre au sanctuaire. Sur l'étroite route qui monte au sommet, un panneau sur un arbre vient à point : « *La beauté de ces lieux fait oublier les peines de la route.* »

NOMS DE RUES INSOLITES

À Pignans lorsque l'on franchit la porte qui permet de pénétrer par le passage de l'Église dans la seconde enceinte médiévale, on se trouve confronté à un choix métaphysique : à droite la rue de l'Église, à gauche, la rue de l'Enfer... Mais en l'occurrence cet « enfer » vient du vieux provençal « *infèrs* », les résidus de l'huile d'olive, car il y avait à l'époque un moulin à huile dans cette rue (au numéro 10). À noter que l'un des deux jolis panneaux en céramique symbolisant de manière imagée la route du Paradis à droite et celle de l'Enfer à gauche a été cassé, sans doute volontairement. Devinez lequel ?

LA STATUE DE JULES GÉRARD

21

Place des Écoles (près des écoles et du boulodrome)
Maison natale de Jules Gérard (c'est l'actuelle mairie du village)
7, place de la Mairie, 83790 Pignans

Jules Gérard, tueur de lions

Le 14 juin 1817 naissait à Pignans, village viticole du centre-Var, un certain Jules Gérard. Orphelin relativement tôt, le jeune homme montra son désir de vivre en développant ses capacités physiques et pratiqua la chasse. Pignans, entouré de bois (ses pins ont donné leur nom au village), était riche en gibier. L'escrime et le « chausson » (ancêtre de la boxe française) lui donnèrent le sens du combat. À 23 ans, il s'engagea dans le corps des spahis et fut envoyé en Algérie.

Jules Gérard allait se consacrer à exterminer les lions qui décimaient les troupeaux de Kabylie et attaquaient parfois les hommes.

Avec l'approbation tacite de ses supérieurs, Jules Gérard se consacra à l'amélioration des techniques de la chasse aux lions. Il établit des procédures pour améliorer la traque et l'approche des fauves et contribua à perfectionner les armes de l'époque. En ce milieu du XIXe siècle, les fusils de chasse n'avaient en effet rien à voir avec ceux d'aujourd'hui.

En juillet 1844 en Kabylie, de nuit et avec un fusil à deux chiens (dont un ne fonctionna pas), il tua son premier lion avec une seule balle : une bête de plus d'un mètre de long pesant environ 200 kg. De *« roumi »* (appellation des étrangers en référence à l'occupation romaine), Jules Gérard passa au rang de personnalité respectable et respectée des autochtones. Puis, à mesure que son tableau de chasse grandissait, il reçut le surnom de *« Katel Sioud »* : le maître des lions.

Les exploits du « tueur de lions » traversèrent la Méditerranée, alimentèrent les dîners parisiens et, en 1853, il fut présenté à l'empereur Napoléon III. Alphonse Daudet, qui écrivit *Tartarin de Tarascon* en 1872, avait lu les écrits de Jules Gérard et s'en inspira, si ce n'est que son personnage ridicule et fanfaron n'avait rien de commun avec la vraie personnalité de Jules Gérard.

Après avoir tué son vingt-cinquième lion, Jules Gérard se consacra à l'exploration et mourut noyé dans la rivière Jong lors d'une expédition au Sierra Leone. Il avait 46 ans.

Sur la place des Écoles de Pignans, on peut voir la fontaine en bronze du sculpteur Olivier Decamps, inaugurée en 1964 pour commémorer le centenaire de sa mort. Près de la porte de la mairie, qui porte en médaillon une gueule de lion et qui est entourée de deux lions de pierre, une plaque rappelle que c'est là que naquit Jules Gérard *« Officier des spahis, chasseur de fauves et écrivain cynégétique dit le tueur de lions »*.

LE ROBIN DES BOIS PROVENÇAL

22

La Grotte de Gaspard de Besse
Rue Pasteur, 83890 Besse-sur-Issole • Tél. : 04 94 69 83 69
• Ouvert l'après-midi, horaires selon la saison.

"Il marchait à la mort comme à une fête, répondant à la foule par des saluts gracieux"

Gaspard Bouis est né à Besse-sur-Issole le 9 février 1757. Au 7 de la rue Paul-Barrème, une plaque rappelle cet événement. C'est lors de la visite au village des sergents recruteurs que Gaspard, sans doute enivré par les méthodes militaires de l'époque, signa son engagement. Le lendemain, les vapeurs de l'alcool dissipées, il prit conscience de son énorme bêtise. Mais le contrat ayant été signé, Gaspard n'a plus d'autres possibilités que de gagner ses quartiers ou de choisir la clandestinité. C'est en optant pour la seconde solution qu'il entra dans l'histoire.

Pour protester contre la cruauté des méthodes de cette époque prérévolutionnaire, Gaspard Bouis, surnommé Gaspard de Besse par les Provençaux, organise un commando pour libérer Joseph Augias, condamné pour avoir fraudé la gabelle (l'impôt sur le sel, voir définition page 173). Celui-ci deviendra son lieutenant, tout comme Jacques Bouilly, qui profita de l'aubaine pour quitter le bagne. La bande s'organise et se spécialise dans l'attaque des diligences. Quelques anecdotes vont forger la réputation du bandit : si un percepteur est dépouillé, il restitue les sommes aux contribuables. Son mot d'ordre est « *Effrayez, mais ne tuez jamais* » : un jour que l'un des siens coupe le doigt d'une belle pour lui voler sa bague, Gaspard l'abat d'un coup de pistolet.

Ces aventures ont lieu à l'approche de la Révolution, et le peuple soutient celui qui brandit le drapeau des pauvres. Il trouve refuge partout, semble avoir don d'ubiquité. Pas une auberge, un gouffre ou une grotte qui n'ait connu le passage de Gaspard et sa bande. L'homme étant brillant et élégant, il plaît aux femmes… mais moins aux maris. C'est donc peut-être à cause de la jalousie d'un cocu que Gaspard et ses deux lieutenants sont arrêtés à la Valette-du-Var et condamnés à mort par le Parlement de Provence. Le supplice aura lieu à Aix. Élise Malherbe est dans la foule et témoigne : « *Il marchait à la mort comme à une fête, répondant par des saluts gracieux aux baisers que lui envoyait la foule. Il avait demandé qu'on lui laissât ses habits de ville. Je n'ai pas voulu en voir davantage…* » Gaspard et ses deux amis subissent le supplice de la roue le 25 octobre 1781. Ils n'ont pas encore 30 ans…

À la grotte de Gaspard, une évocation de la vie et de l'époque de Gaspard de Besse permet de mieux connaître le personnage.

OFFICE DE TOURISME DE BESSE-SUR-ISSOLE
1, place Souleyet, 83890 Besse-sur-Issole • Tél./Fax : 04 94 59 66 57
• e-mail : si.besse@wanadoo.fr

STATUE DE S^{T} SUMIAN-BARQUE DE J.-L. LAMBOT

23

Musée du pays Brignolais, place du Palais-des-Comtes-de-Provence
83170 Brignoles • Tél./Fax : 04 94 69 45 18
• Tarif : 4 €, tarif réduit (6 à 12 ans, étudiants) : 2 €. Gratuit – de 6 ans.
• Ouvert du mer au dim du 1er avr au 30 sept, de 9h à 12h et de 14h30 à 18h (le dim de 9h à 12h et de 15h à 18h). Du 1er oct au 31 mars de 10h à 12h et de 14h30 à 17h (le dimanche de 10h à 12h et de 15h à 17h)
• e-mail : contact@museebrignolais.com
• www.museebrignolais.com

> **« *Une barque en ciment armé***

La barque en ciment de Joseph-Louis Lambot est une des curiosités du musée. Né à Montfort-sur-Argens dans le Var en 1814, le jeune Lambot fait ses études à Paris puis se consacre au domaine familial. Comment lui est venue l'idée d'« armer » le ciment ? Nul ne le sait. De fait il en est le véritable inventeur. Ainsi il insère dans le ciment des structures en acier, expérimente avec des caisses à fruits et des étagères, avant de fabriquer une barque. À la surprise de beaucoup, elle flotte.

Dans le musée, ne ratez pas non plus le sarcophage de la Gayole, le véritable trésor du musée : c'est le plus ancien sarcophage gaulois connu et l'un des plus anciens sarcophages chrétiens au monde (IIe siècle après J.-C.).

Bloc de pierre de facture assez grossière, la statue de saint Sumian est depuis longtemps un élément incontournable du désir d'enfants des femmes brignolaises. À force d'être exposée à tous vents, elle est devenue difficile à « lire ». Elle représente un personnage androgyne dont les deux mains se rejoignent au niveau du nombril (l'*embouligo* en provençal : à Brignoles la statue est d'ailleurs plus connue sous le nom d'« embouligue »). La coutume consistait à aller l'embrasser en dessous du nombril pour réveiller une fécondité défaillante. Bien qu'interdit par l'Église, l'afflux de baisers a creusé la statue et l'on voit aujourd'hui une « cupule » causée par les bouches adoratrices de ce saint un peu païen mais somme toute assez « gaulois »…

OFFICE DE TOURISME DE BRIGNOLES
Hôtel de Claviers, 10, rue du Palais, 83170 Brignoles • Tél. : 04 94 69 27 51
• Fax : 04 94 69 44 08 • e-mail : info@officedetourisme-brignoles.com
• www.officedetourisme-brignoles.com

À VOIR AUX ALENTOURS

LA MAISON DES LANCIERS

24

Tout près du musée, la maison du numéro 10 de la rue des Lanciers abritait autrefois les gardes des comtes de Provence. À hauteur du premier étage, des pierres en forme de crochets dépassent de la façade. Lorsque les lanciers avaient fini leur tour de garde, ils venaient se reposer dans ce bâtiment. La circulation dans les escaliers en colimaçon n'étant pas très aisée avec une hallebarde, ils accrochaient leur lance à l'une de ces pierres. Ensuite, des fenêtres du premier, ils pouvaient la saisir et la disposer à plat sur deux des pierres à crochet et la mettre ainsi à l'abri des voleurs.

ABBAYE ROYALE DE LA CELLE

25

• 9, place des Ormeaux, 83170 La Celle
• Visites : s'informer auprès du centre d'information de La Celle
• Tél./Fax : 04 94 59 19 05
• e-mail : la-celle@wanadoo.fr • www.la-celle.fr

« L'abbaye abritait autrefois de bien curieuses nonnes

L'hostellerie de l'Abbaye de La Celle occupe une partie des bâtiments conventuels. Ils ont été loués par une des filiales du célèbre chef Alain Ducasse et sont réservés aux clients de cet hôtel de luxe (le général de Gaulle y séjourna plusieurs fois).

Au XIe siècle, les moines de l'abbaye Saint-Victor à Marseille créent l'abbaye de la Celle, composée de deux prieurés bénédictins, l'un pour les moines, l'autre pour les moniales. Deux siècles plus tard, Garsende de Sabran, qui vient de perdre son époux Alphonse II d'Aragon, vient à La Celle et se fait élire abbesse du couvent, qui devient par là-même « royal ». Elle abandonne Aix-en-Provence et la vie publique, réservant son ensorcelante beauté à Dieu.

À partir du XVIIe siècle, un certain relâchement des mœurs se produit : bien que liées par leurs vœux, certaines religieuses obtiennent des « dérogations » et l'abbaye se met vite à ressembler à une maison de tolérance : garçonnières ou cellules capitonnées de cuir attirent de plus en plus de galants, et l'on dit que le soir venu, on entendait plus de frôlements de soie que de prières… Comme le rapporte la chronique : « *Ces religieuses ne différaient entre elles que par la couleur de leur jupon et par le prénom de leur amant…* »

Révélé, le scandale provoque la fermeture du couvent. L'abbaye est vendue à la Révolution et transformée en exploitation agricole avant d'être rachetée en 1938 par Sylvia Fournier, propriétaire de l'île de Porquerolles. Depuis 1990, le prieuré appartient au conseil général du Var, qui continue sa restauration. On visite le magnifique déambulatoire, la salle capitulaire et le cellier. Dans le jardin du cloître, des mûriers ancestraux ont été sauvés par traitement du tronc devenu creux, et leur sève circule par les écorces.

L'église Sainte-Perpétue, qui était l'une des chapelles du couvent, abrite le sarcophage en marbre de Garsende de Sabran. Sa présence ici tient du miracle : le tombeau a longtemps servi d'abreuvoir, sur la place du village, avant d'être vendu en 1925 par son prétendu propriétaire. Quelques années plus tard, un antiquaire le repéra dans une vente aux enchères et la vente fut bloquée. Le conseil général put « racheter » ce bien qui n'aurait jamais dû quitter l'abbaye.

« MAIGRE COMME LE BON DIEU DE LA CELLE »

Dans l'église, le crucifix du XIVe siècle représente un Christ d'une maigreur cadavérique. On raconte aujourd'hui aux visiteurs qu'un dicton local « *Maigre comme le Bon Dieu de La Celle* » est utilisé pour parler d'une personne fluette. En fait, le dicton le plus utilisé dans la région est plus cruel : « *Laid comme le Bon Dieu de la Celle* »..

LAC DU GRAND LAOUTIEN

26

- Sur la D 64 entre Gareoult et La Roquebrussanne
- Parking

« ...Et le lac se teinta de sang »

Lieu improbable, inattendu, vertigineux et un peu angoissant, le lac du Grand Laoutien (cuvette en provençal) est au fond d'un véritable cratère qui fait immanquablement penser à un volcan ou même à un impact de météorite.

130 m de diamètre, des à-pics de 30 m au-dessus de la surface et 43 m de profondeur. L'eau est verte et laisse imaginer de ténébreuses profondeurs. On éprouve une étrange sensation devant cette curiosité de la nature et l'on est content de s'en aller sans être tombé dedans…

Dans le temps, les riverains des deux villages proches, Gareoult et La Roquebrussanne, pensaient que le lac était un volcan endormi. Chaque année, le deuxième dimanche de mai, le prêtre de La Roquebrussanne devait descendre sur le rivage et bénir les eaux. S'il refusait, on disait que le volcan se réveillerait dans l'année. Le phénomène qui se produisit en 1775 ne rassura personne quant à la nature pour le moins mystérieuse du lac. Cette année-là, le 1er novembre, jour du tremblement de terre qui détruisit Lisbonne, le lac se teinta de sang et son niveau monta de façon inhabituelle.

De façon curieuse également, les espèces animales vivant dans le lac sont très rares et ne se retrouvent pas dans les autres lacs français, mais plutôt dans les climats nordiques. Comme si elles avaient survécu au réchauffement en évoluant dans un milieu souterrain communiquant avec un réseau qui n'a jamais été exploré. Des treize espèces d'hydracariens présentes dans le lac, trois ne sont connues qu'en Europe septentrionale, deux appartiennent à l'Afrique tropicale et une est propre au Maroc et à la région de Banyuls. Enfin, il faut noter la *Limnogeria lougiseta*, dont ce lac est le seul habitat connu au monde.

En fait de volcan, les spécialistes pensent que le Grand Laoutien était une cavité souterraine dont le plafond, surchargé par le poids des arbres et des rochers, s'est un jour effondré.

Deux vues aériennes du site :
www.carto.net/verdon/ste_baume/laloube/laoucien_aerien.htm

S V L A S A S A L V S
L A S A T A S A L
S A T R T A S
T R E R T
R E C E R
C R V X E C I C E A N G E L I C A
C I H I C
M I H I H I M
V I H I M I H C V
I G V I M X M I M E C
G V F E R I H I M X V X D O M I N I M E
V F E R I H I M X V R V X D O M I N I M
F E R I H I M X V R C R V X D O M I N I
V F E R I H I M X V R V X D O M I N I M
G V F E R I H I M X V X D O M I N I M E
I G V S E X E S M E C
V I T S E S T C V
M Q T S T Q M
V Q T Q V
S. T H O M A E A V Q. V A de A Q V I N O
M A V A M
S M A M S
E S M S E
M E S E M
P M E M P
E P M P E
A R E P E R A
O D A R E R A D O
O R O D A R A D O R O

<- - - - - - 1 5 , 8 cm. - - - - - ->

2 9 5 caractères

LE PALINDROME DE NOTRE-DAME-D'INSPIRATION

27

Chapelle Notre-Dame-d'Inspiration
• Chemin de la Chapelle, 83136 La Roquebrussanne
Accès depuis le village de La Roquebrussanne : prenez le chemin de la chapelle qui part du centre du village vers l'ouest. Garez-vous au bout du lotissement, à côté de l'oratoire qui se trouve devant le départ du chemin. La montée prend un bon quart d'heure par le chemin en calade (pavé de galets et de bonnes intentions), puis en terre.

La cloche de la chapelle Notre-Dame-d'Inspiration a la particularité de posséder un curieux palindrome inscrit sur ses flancs. Apportée de Rome en 1730, elle a été fondue par un certain Casini, « *fondeur de la révérende fabrique de Saint-Pierre au Vatican* ». En forme de croix, le palindrome est composé de 295 caractères dont l'abbé Menin, ancien curé, a donné l'ébauche de décryptage suivante : « *La croix est pour moi le salut certain. C'est la croix que toujours j'adore. Croix angélique. La croix du Seigneur avec moi. La croix est pour moi un refuge, saint Thomas d'Aquin.* » Mais cela n'est que la partie émergée de l'iceberg. L'essentiel du palindrome reste pour le moins obscur.

> ***Sur la cloche, les 295 caractères du palindrome conservent toujours leur énigme***

Le palindrome est disposé sur la partie visible de la cloche mais, compte tenu de la hauteur du clocher, mieux vaut se munir de jumelles ou bien d'un bon téléobjectif pour le voir. Pour le lire, mieux vaut également se munir d'une échelle… La chapelle Notre-Dame-d'Inspiration se trouve au sommet d'une colline qui domine le village de La Roquebrussanne et qui abrite également les ruines d'un château et un bel amphithéâtre construit par un ancien curé avec des pierres du château. On regrette presque que cet amphithéâtre, capable de recevoir plus de 1 000 personnes, ne soit pas investi par un festival tant le lieu est splendide.

LES PALINDROMES

Un palindrome est une phrase que l'on peut lire dans les deux sens, en commençant par la droite ou par la gauche. Il y a des palindromes de lettres, de syllabes et de mots.
Quelques exemples célèbres : « *Tu l'as trop écrasé, César, ce Port-Salut* », « *Un roc cornu* », « *Cerise d'été, je te désire* » (à lire sur un cercle où le « C » est au centre), « *Karine égarée rage en Irak* », « *Oh, cela te perd répéta l'écho* »…
Le plus long palindrome de la littérature française est celui de Georges Pérec : « Le Grand Palindrome» (1969) extrait de *La Littérature potentielle,* Gallimard, collection « Idées », 1973.

OFFICE DE TOURISME DE LA ROQUEBRUSSANNE
15, avenue Georges-Clemenceau, 83136 La Roquebrussanne
• Tél. : 04 94 86 82 11 • www.la-roquebrussanne.fr

INDEX ALPHABÉTIQUE

INDEX THÉMATIQUE

ARCHITECTURE

ARTS ET LITTÉRATURE

BARS, RESTAURANTS, HÔTELS ET BOUTIQUES

CURIOSITÉS

ENFANTS

HÉRITAGE INDUSTRIEL

HISTOIRE ET PRÉHISTOIRE

JARDINS ET BALADES

MUSÉES

RELIGION ET ÉSOTÉRISME

SCIENCES ET ÉDUCATION

Remerciements :

L'auteur remercie spécialement Suzanne Boudeau pour sa première lecture et ses précieuses indications et adresse ses remerciements à Robert Alberti, Eichi Awoki, Michel Baconnet, Hervé Barelli, Jean-Paul Barelli, Pierre Berenguier, Christian Berkesse, Claude Bernard, Fernand Bertejo, Laurent Boissin, Marc Boriosi, Mme Servera Boutefoy, Pascal Brocchiero, Richard Caireschi, Philippe Cantarel, Simone Chambourlier, Frédérique Citerabullot, Laure Clément, Brigitte Cohen Tanaudji-Dahan, Christian Delseray, Béatrice di Vita, Florent Duchêne, Patrick Elouarghi, Laurent Eplé, M. Falconnet, M. et Mme Farinelli, Éditions Flohic, Serge Fournel, Gaston Franco, Raymond Gay, Dr Jean-Yves Girard, Juliette et Mireille Giraud, Pierre Godlewski, Alain Gumiel, David Hameau, Mauricette Hintzy, Pierre Ipert, Dr Philippe Jellinek, Roland Joffre, M. et Mme Didier Kulacinski, M. Lambert, Frédéric Lanore (qui n'a pas ménagé son temps), Elisabeth Lara, Patrick Le Tiec, Sandrine Legendre, Sandrine Léonard, Nathalie Leydier, David Lisnard, Pierre-Guy Martelli, Thierry Martin, Sylvain Massa, Christophe Messineo, Sandrina Michon, Christine Million, Anne-Lise Mortelmans, Musée de l'Artillerie, Raymond Négrel, Mado Nésic Perichon, Jean-Marc Nicolaï (qui n'a pas ménagé son temps), Isabelle Nohain, Karine Osmuk, Nadia Ounaïs, Laure Pastore, Patricia Paula, Sandra Philippe, Patrick Piguet, Mme Pugi, Mme Ricord, Philippe Rigollot, Didier Rostagne, Evelyne Runfoca, Bernard Savatier, Mme Servera Boutefoy, David Singleton, Marie-Hélène Squillante, Mme Strazzulla, Didier Théron, Sabrina Tissot, Aline Torlet, Renaud Vassas, Christian Vialle, Alain Vittersheim, Comité départemental du tourisme du Var, Comité régional du tourisme Côte d'Azur, Comité régional du tourisme PACA, Conseil général du Var, Conseil général des Alpes-Maritimes, DRAC PACA et ses bibliothécaires et documentalistes, ainsi que les municipalités et les offices de tourisme qui nous ont ouvert leurs portes.

L'éditeur adresse ses remerciements à Florence Amiel, Dan Assayag, Émilie de Beaumont, Kees et Aude van Beek, Florent Billioud, Antoine Blachez, Christine Bonneton, Ludovic Bonneton, Louis-Marie Bourgeois, Jean-Baptiste Bourgeois, Philippe Darmayan, Charles Eon, Agnès et Mikael Eon, Vincent Formery, Philippe Gloaguen, Azmina Goulamaly, Romaine Guérin, Antoine Jonglez, Aurélie Jonglez, Stéphanie et Guillaume Jonglez, Timothée Jonglez, Stéphanie Kergall, Ghislain de La Hitte, Hervé du Laurent, Florence et Pierre Merveilleux du Vignaux, Sophie Mestchersky, Marianne et Fabrice Perreau-Saussine, Francois et Sally Picard, Patricia de Pimodan, Valérie Renaud, Stéphanie Rivoal, Pierre Santoul, Damien Seyrieix, Vadim Smith, Henri Villeroy, Raphaëlle et Matthieu Vincent, Karine Zacharias.

Crédits photographiques :

Toutes les photographies sont de **Jean-Pierre Cassely,** à l'exception de celles des pages suivantes : p. 36 © Musée océanographique de Monaco, p. 60 (b. d.) Hi-Hôtel © Patrick Gries et Uwe Spoering, p. 62 © Stéphane Bidault - www.jetons-monnaie.net, p. 130 © Office de tourisme de Cagnes-sur-Mer, p. 172 © Château de Gourdon, p. 198 © Les amis de Saint-Ferréol et du Vieux Lorgues.

P. 42 : Le Corbusier, Le Cabanon à Roquebrune -Cap Martin 1952 © F.L.C./Adagp, Paris 2007

Cartographie : Michelin - autorisation n° 0612400, © Michelin et Cie
Conception de la maquette : Roland Deloi - **Maquette :** Oriane du Laurent - **Lecture-correction :** Marielle Gaudry - **Traduction anglaise :** Thomas Clegg et Caroline Lawrence

Dépôt légal : Avril 2007 – Édition : 01
ISBN : 978-2-9158-0718-9
Imprimé en France par Mame – 37000 Tours